Ian Heath · David Nicolle · Angus McBride

Wikinger und Normannen

edition
Brandenburgisches Verlagshaus
bei Siegler

IMPRESSUM

Siegler Verlag
Einsteinstraße 10
53757 Sankt Augustin

Deutsche Ausgabe:

Englische Originalausgabe:
The Vikings: First published in Great Britain in 1985, by Osprey Publishing Ltd., Elms Court, Chapel Way, Botley, Osford, OX2 9LP.
The Normans: First published in Great Britain in 1985, by Osprey Publishing Ltd., Elms Court, Chapel Way, Botley, Osford, OX2 9LP.

Verantwortlich für den Inhalt: Ian Heath (The Vikings), David Nicolle (The Normans)

Deutsche Übersetzung: Juliane Waltke

Umschlagentwurf: ART WORK, Olaf Schumacher, Königswinter

Layout/Satz: Hilga Pauli

Druck: GRASPO CZ, a.s. Zlín, Tschechien

Printed an bound in Czech Republic

ISBN: 3-87748-630-4

Anmerkung des Künstlers:

Die Originalgemälde, die als Basis für die in diesem Buch veröffentlichten Farbillustrationen dienten, können käuflich erworben werden. Alle Copyrights für Reproduktionen verbleiben jedoch beim Rechteinhaber. Alle Anfragen richten Sie bitte an:

Scorpio Gallery
P.O.Box 475
Hailsham
E. Sussex BN27 2SL
England

Die Herausgeber bitten um Verständnis, dass sie hierüber nicht in eine Korrespondenz eintreten können.

Inhalt

Teil 1: Die Wikinger

WER WAREN DIE WIKINGER?

„789 n. Chr.: In diesem Jahr nahm König Beorhtric die Tochter von König Offa, Eadburh, zur Frau. Und zu dieser Zeit geschah es auch zum ersten Mal, dass drei Schiffe der Nordländer aus Hörthaland einen englischen Hafen erreichten: Als der Stadthalter sich auf den Weg dorthin machte und versuchte, sie dazu zu zwingen, dem König - der nicht wusste, wer sie waren - ihre Aufwartung zu machen, wurde er erschlagen. Tja, das war die erste Begegnung der Engländer mit den Dänen ...“

Von nun an, so kann man es in den Angelsächsischen Chroniken nachlesen, begannen die Raubzüge der Wikinger, und es kam zu ersten Opfern. Vier Jahre später, 793 n. Chr., erfolgte der weitaus bekanntere Überfall auf das Kloster von Lindisfarne, einer kleinen Insel vor der nordenglischen Grafschaft Northumberland im Nordosten Englands: „Die schändliche Verwüstung durch den Übergriff der Heiden führte beinahe zur völligen Zerstörung der Gotteskirche. Niemals zuvor war das britische Reich solch einem Terror ausgesetzt gewesen und solchem Leid, das dieses heidnische Volk über uns brachte“, schrieb der zeitgenössische Gelehrte Alkuin, „noch hätten wir uns träumen lassen, dass so ein Überfall von der Seeseite her möglich gewesen wäre. Und so fiel die Kirche von St. Cuthbert, der heiligste Ort in ganz Britannien, den Barbaren zum Opfer, indem er mit dem Blut seiner Priester besudelt und seiner Heiligtümer beraubt wurde.“

Für die Angelsachsen waren die Wikinger damals „Heiden“, „Dänen“ oder „Nordmänner“, der Begriff „Wikinger“ selbst wurde außerhalb von Skandinavien nur sehr selten benutzt (obwohl einige Gelehrte vermuteten, dass das Wort vom sächsischen „wic“, ein „militärisches Feldlager“, hergeleitet wurde). Fränkische Quellen bezeichnen sie als Nordmanni (Nordmänner oder Normannen), wohingegen deutsche Chronisten sie als Ascomanni beschreiben („Eschenmänner“, eine nicht eindeutige Bezeichnung, die vermutlich auf ihre Schiffe zurückzuführen ist, da man davon ausging, dass diese aus Eschenholz gemacht waren, obwohl die meisten aus Eiche bestanden). Spanisch-moslemische Quellen beschreiben die Wikinger als al-Madjus („heidnische Zauberer“), slawische Quellen als Rus (vermutlich vom finnischen Namen für Schweden, Rotsi), und byzantinische Quellen als Rhos (vom griechischen Adjektiv für Rot, auf Grund ihrer rotbäckigen Gesichtsfarbe) oder Varangoi (vermutlich vom altnordischen „var“, „Bund“, ein Wort, das eine Gemeinschaft von Männern beschreibt, die sich gegenseitig Treue geschworen haben). Nur die Iren, die die Wikinger als Lochlannach („Nordlinge“) oder Gaill („Fremde“ oder „Ausländer“) bezeichneten, versuchten zwischen Norwegern (Finn-gaill, „weiße Ausländer“) und Dänen (Dubh-gaill, „schwarze Ausländer“) zu unterscheiden. Chronisten anderer Nationen tendierten dazu, die Begriffe „Dänen“, „Norweger“ und sogar „Schweden“ beliebig untereinander auszutauschen. Zum Beispiel bezieht Adam von Bremen 1075 n. Chr. sich in seinen Schriften auf „die Dänen und die Schweden, die wir als Nordländer oder Nordmänner bezeichnen“ und behauptet im gleichem Atemzug, dass „die Dänen und die Schweden und die Menschen jenseits der Grenzen von Dänemark (in diesem Fall die Norweger) Nordländer genannt werden“. Deshalb sollte man nicht unbedingt davon ausgehen, dass die Wikinger, die in den Angelsächsischen Chroniken als Dänen (Dene oder Dani) bezeichnet werden, wirklich aus Dänemark stammen.

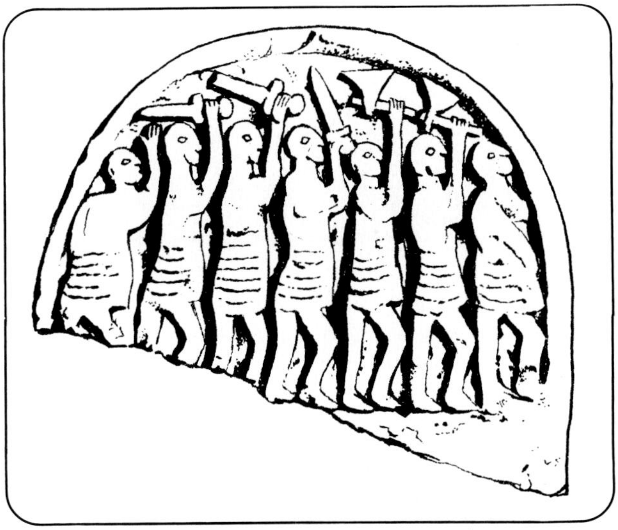

Wikinger auf einem Gedenkstein des Klosters von Lindisfarne, der auf dem Grab eines der Opfer des Raubüberfalls errichtet wurde.

Der eigentlich Ursprung des Wortes „Wikinger“ kann nicht eindeutig bestimmt werden, obwohl immer mehr Wissenschaftler dazu tendieren, der Ableitung von „vik“ (Meeresarm, Fjord, Bucht) ihren Vorzug zu geben, was gut

Der Deckel von „Franks Casket" - das Kästchen wurde im frühen 8. Jahrhundert in Northumbria angefertigt. Obwohl es aus der Vor-Wikinger-Zeit stammt, macht dieses Bild eines Mannes, der sein Haus gegen Seeräuber verteidigt, deutlich, welche Geschehnisse ab dem späten 8. Jahrhundert die Regel waren. (Trustees of the British Museum)

zur Beschreibung des Wikingers als „Pirat, der sich in einem Fjord oder Meeresarm versteckt" passen würde. Anderen Theorien zufolge wurde der Begriff von der geographischen Region Vik in Norwegen hergeleitet; andere sprechen von „vig" (eine Schlacht, was aus phonologischen Ursprüngen aber wohl unwahrscheinlich ist), oder von „vikja" (beiseite treten), was den Wikinger als jemanden, „der einen Umweg macht", charakterisieren würde. In geschriebenen skandinavischen Quellen steht „viking" in der Regel für Piraterie oder für einen Raubüberfall durch Piraten, während man im gleichen Atemzug jeden Mann, den man mit solch einem Beutezug in Verbindung brachte, als einen Wikinger bezeichnete.

Man vermutet, dass es zahlreiche und ganz unterschiedliche Gründe für das plötzliche Auftauchen der Wikinger am Ende des 8. Jahrhunderts gab. In der Regel wird Überbevölkerung im Heimatland als erster Faktor genannt, denn im Laufe des 7. und 8. Jahrhunderts kam es in Norwegen und vor allem in Dänemark zur Bevölkerungsexplosion. Außerdem führte die schrittweise Etablierung stabiler Regierungen in ganz Europa zur Herrschaft der Karolinger unter Karl dem Großen, was den europäischen Handel beträchtlich ankurbelte und was wiederum für mehr Piraterie sorgte. Und dafür benutzten die Wikinger nicht nur ihre unverwechselbaren und berühmten Langschiffe, sondern auch die weniger bekannten „knörrs", Fracht- bzw. Handelsschiffe, mit denen die Wikinger auch in der Ferne ihren Raubzügen nachgehen konnten - und was die Kolonisierung der Länder, die sie überfielen, nach sich zog. Schiffe waren die Werkzeuge für die Expansion der Wikinger.

WIKINGER-SCHIFFE

Den Großteil unseres Wissens über die Wikinger-Schiffe haben wir durch die Entdeckung zweier besonderer Schiffe gewonnen, die in der zweiten Hälfte des 9. Jahrhunderts in Gokstad und Oseberg, Norwegen, versenkt wurden. Die Schiffe aus diesen berühmten Fundorten sind die zwei am besten erhaltenen von einer Vielzahl ähnlicher Funde, die alle das Wissen über die Wikinger-Schiffe erweitert haben. Zu den jüngsten Entdeckungen zählt eine Gruppe von fünf Schiffen verschiedenen Typs, die 1962 auf dem Grund des Roskilde-Fjords bei Skuldelev, Dänemark, gefunden, geborgen und weitgehend rekonstruiert wurden, nachdem sie Anfang des 11. Jahrhunderts als Blockadeschiffe gesunken waren. Die meisten Funde gehen auf Schiffsbeerdigungen zurück und stammen hauptsächlich aus Norwegen, nur einer wurde in Ladby, Dänemark, gemacht. Die erste erfolgreiche Ausgrabung (wenn auch weniger erfolgreiche Rettung des Materials) erfolgte 1867 in Tune, wohingegen die Schiffe in Gokstad und Oseberg 1880 bzw. 1903 freigelegt wurden.

Die Schiffe der Wikinger besaßen viele Formen, wie an der Fülle der technischen Ausdrücke sichtbar wird, die man benutzte, um sie in zeitgenössischen Quellen zu beschreiben. Aber eine klare Unterscheidung zwischen Fracht- und Kriegsschiffen schien sich erst im 10. Jahrhundert herauskristallisiert zu haben (wahrscheinlich war dies nicht nur ein Resultat der wachsenden Wichtigkeit des Handels in der skandinavischen Wirtschaft, sondern auch der Etablierung der militärischen Organisation „ledungen", die

Kopf eines Wikingers, Schnitzerei auf einem aus dem 9. Jahrhundert in Oseberg gefundenen Wagengestell. Wie alle zeitgenössischen Darstellungen der Wikinger, so trägt auch dieser einen Bart. (Oldsaksamling der Universität Oslo)

den Bau spezifischer Schiffe für den Kriegsdienst forderte). Unter den Bezeichnungen, auf die man am häufigsten trifft, sind: „knörr" und „kaupskip" für Frachtschiffe („Handelsschiffe") und für Kriegsschiffe „snekkja" (schlank und hervorschnellend), „skeid" (was vermutlich „durchs Wasser schneidend" bedeutet) und „drekar" oder „Drache", ein Begriff, der zweifelsohne durch den regelmäßig vorkommenden, geschnitzten Drachenkopf am Bug eines Wikinger-Kriegsschiff entstanden ist. Mehrzweckboote, wie die, die man in Gokstad fand und als „skuta" oder „karfi" bezeichnete, konnte man sowohl für den Handel als auch für die Piraterie benutzen. Der auffälligste Unterschied zwischen Fracht- und Kriegsschiffen war, dass erstere kurz und breit und mit zusätzlicher Fracht- und großer Segelfläche, auf die man sich primär verlassen konnte, versehen waren, während die Kriegsschiffe länger und schlanker waren, weniger Wasser aufwirbelten (sodass nicht nur ihre Fahrgeschwindigkeit sich erhöhte, sondern auch ihre Fähigkeit verbessert wurde, auf Raubzügen lange Wege flussaufwärts zu bewältigen) und eine größere Anzahl von Rudern vorzuweisen hatten. Daher kommt auch der Gattungsname „langskip" oder „Langschiff", um Kriegsschiffe zu beschreiben.

Es gab auch bedeutende Unterschiede in der Größe. Diese war bei Kriegschiffen immer abhängig von der Anzahl ihrer Ruderbänke („sessa") oder vom Platz zwischen den Deckbalken („Räume", „rum" oder „spantrum"), über den sie verfügten. Laut dem aus dem 10. Jahrhundert stammenden „Gulathinglaw" war ein 13-Bänker („threttansessa", Bezeichnung für ein Boot mit 13 Bänken auf jeder Seite) das kleinste Schiff, das man „nach Bänken zählte", was die Schlussfolgerung zulässt, dass jedes Schiff, das noch kleiner war, nicht kriegstauglich war.

Uns ist bekannt, dass die Wikinger auf ihren Raubzügen in England im späten 9. Jahrhundert 16- bis 18-Bänker

Das Oseberg-Schiff während seiner Ausgrabung im Jahre 1904. Es wurde als Beerdigungsschiff für eine norwegische Prinzessin benutzt. Es war aus Eiche gebaut und gute 22 m lang. Der Grabhügel war ursprünglich an die 6 m hoch und besaß einen Durchmesser von über 37 m. Er bestand hauptsächlich aus Torf, der zusammen mit dem Untergrund aus blauem Lehm dafür sorgte, dass nicht nur das Spantenwerk des Bootes und viel von seiner Ausstattung, sondern auch ein Wagen, vier Schlitten, Betten und zahllose andere Hausratsgegenstände bzw. Artefakte erhalten geblieben sind. (Oldsaksamling der Universität Oslo)

benutzt haben. In den Angelsächsischen Chroniken kann man aber nachlesen, dass König Alfred der Große von Wessex 896 Schiffe mit 60 oder mehr Rudern (die in der Regel mit 30 oder mehr Ruderbänken ausgestatten waren) gebaut hat, die „fast doppelt so lang" wie diese Wikinger-Schiffe waren. Beim Gokstad-Schiff handelt es sich zweifelsohne um einen 16-Bänker, dennoch muss es zu der Zeit, als man den Standard für ein Kriegsschiff auf 20 oder 25 Bänke festsetzte, auch einige wenige Schiffe von 30 Bänken gegeben haben. Gelegentlich bekam man in den letzten Jahren des 10. Jahrhunderts gigantische Kriegsschiffe mit über 30 Bänken zu Gesicht. König Olaf Tryggvassons Schiff Long Serpent gehörte mit seinen 34 Bänken zu den ersten und bekanntesten dieser Größe. Es wurde im Winter des Jahres 998 gebaut, aber es war, wie offizielle Stellen behaupten, nicht das größte Schiff, das jemals gebaut wurde. Das gilt auch für alle 35-Bänker, die im 11. bis 13. Jahrhundert angefertigt wurden, von denen das erste Schiff, die Great Dragon von Norwegens König Harald Hardrada, in Nidaros im Winter 1061/1062 gebaut wurde.

Im Buch König Harald's Saga wird das Schiff wie folgt beschrieben: „Es war viel breiter als die durchschnittlichen Kriegsschiffe, besaß die gleichen Maße und Proportionen wie die Long Serpent und jedes Stück des Bootes wurde mit größter Sorgfalt konstruiert. Auf dem Steven befand sich ein Drachenkopf, am Heck ein Drachenschwanz, der Bug war reich verziert. Es besaß 35 Paar Ruderbänke. Und selbst für diese Bootsklasse war es erstaunlich groß - und ein wunderbares Fahrzeug." Flateyjarbok behauptet, dass

Das aus dem 9. Jahrhundert stammende Gokstad-Schiff aus Vestfold, Norwegen. Man fand es 1880, der Grabhügel war knapp 50 m breit und 4,9 m hoch. Auch hier ist es dem blauen Lehmboden zu verdanken, dass das Schiff so gut erhalten blieb. (Oldsaksamling der Universität Oslo)

König Cnut ein Schiff mit „60 Räumen" besessen hätte, doch meinte man hier wohl 60 Ruder, denn ansonsten wäre das Schiff unwahrscheinliche bzw. unmögliche 70 m oder mehr lang gewesen.

Das größte Wikinger-Schiff, das man bislang gefunden hat, gehört zu den fünf Skuldelev-Schiffen: ein zugegeben nicht mehr gut erhaltenes Kriegsschiff, das man auf 28 m Länge und 4,5 m Breite schätzt und zwischen 20 und 25 Ruderbänke besessen haben muss. Wenn man sich die anderen Ausgrabungsbeispiele ansieht, dann war das Ladby-Schiff (900-950) 21,3 m lang und 2,6 breit und auf Grund seiner Maße auf jeden Fall ein Kriegsschiff, obwohl es nur 12 Paar Ruder besaß. Das Tune-Schiff (850-900) war vermutlich knapp 20 m lang und 4,4 m breit und besaß 11 Paar Ruder. Das Oseberg-Schiff (800) kam bei 15 Paar Ruder auf eine Länge von 21,8 m und 5,2 m Breite (vermutlich handelte es sich hier um eine Art „Königliche Jacht"). Und das Gokstad-Schiff (850-900) war sogar mehr als 23 m lang, 5,3 m breit und hatte 16 Paar Ruder. Das knörr-Boot, das man in Skuldelev gefunden hatte - das einzige seiner Art, was man bislang entdeckt hat -, misst 16,5 m Länge und 4,8 m Breite.

Der verschnörkelte Bug des Oseberg-Schiffes endet in einer Spiralform, in deren Mitte sich ein Schlangenkopf befindet. (Oldsaksamling der Universität Oslo)

Langschiffe und Mehrzweckboote besaßen an Bug und Heck jeweils kleine erhöhte Decks, zwischen den zweien befand sich eine Art „unfertiges Deck" aus überschüssigen Planken, die man anheben konnte, um weitere Ballen unterzubringen bzw. festzuzurren, was bei starkem Seegang oft nötig war. Wenn das Schiff vor Anker ging oder in einem Hafen lag, dann war das Hauptdeck häufig mit einer großen Faltplane abgedeckt. Vor allem bei schlechtem Wetter bot es den Seeleuten Schutz vor herumfliegendem Holzwerk. Die Svardaela Saga berichtet von 12 Schiffen, die vor Anker lagen und „alle Boote waren mit schwarzen Zeltplanen abgedeckt. Lichter schimmerten unter den Zelten hervor, wo die Männer saßen und tranken." Die Schutzschilde der Mannschaft hingen oft am Schandeckel des Schiffes, auch wenn offizielle Quellen immer wieder behaupten, dass dies nur „an besonderen Anlässen" der Fall war, da man so nicht rudern konnte. Für diese Theorie spricht das Gokstad-Schiff, bei dem die Schilder die Ruderöffnungen verdeckten und sie mit Riemen an einer Latte festgebunden waren. Beim Oseberg-Schiff hingegen waren die Schilde in die Schlitze einer kleinen Holzbahn gesteckt worden, die sich außerhalb des Schandeckels befand, sodass Rudern immer noch möglich war. Das wäre der Beweis für die vielen Geschichten und Sagen, die davon berichten, dass die Schiffe mit ihren sichtbaren Schilden in die Schlacht gerudert sind. Bei der Schlacht im Hafrs Fjord z.B. beschrieb man den Schandecke der Schiffe als „glitzernd mit glänzenden Schildern". Und bei der Schlacht am Nissa-Fluss im Jahre 1062 „bildeten Krieger an der obersten Schiffsplanke entlang ein Schanzkleid aus Schilden". Und auch auf der schwedischen Ostseeinsel Gotland gibt es Steine, die Segelschiffe mit ausgebreiteten Schilden zeigen.

Merkwürdigerweise gibt es keinen Hinweis auf Ruderbänke in jenen Wikinger-Schiffen, die man bis heute gefunden hat. Daher nimmt man an, dass die Männer ihre Seemannskisten auch als Sitze gebraucht haben (wie die, die man im Oseberg-Schiff gefunden hat und die richtige Höhe zum Rudern besessen haben).

Allerdings weisen verschiedene Quellen darauf hin, dass die Seeleute ihr Hab und Gut nicht in Kisten, sondern in dünnen Seesäcken (hudfat) aufbewahrt haben, die man auch als Schlafsäcke benutzte - folglich kann die Frage „Worauf haben die Ruderer gesessen?" nicht eindeutig beantwortet werden. Wenn man sich eines der Kriegsschiffe aus Skuldelev anschaut, dann scheint es fast so, als hätte man die Querbalken als Sitze benutzt, wohingegen ein Fachmann sogar der Ansicht war, dass die Wikinger womöglich im Stehen gerudert haben. Die Ruder waren in

Das rekonstruierte Gokstad-Schiff ist im Wikingerschiff-Museum von Oslo zu sehen. (Oldsaksamling der Universität in Oslo)

GOKSTADSKIBET

der Regel 4,9 bis 5,2 m lang, die aus dem Gokstad-Schiff besaßen eine Länge von 5,2 bis 5,8 m - die unterschiedlichen Maße wurden deshalb angefertigt, damit sie sich der Krümmung der Seiten des Bootes anpassten. Wikinger-Schiffe waren normalerweise mit nur einem Mann pro Ruder besetzt. Im Kampf allerdings gab es einen zweiten oder sogar einen dritten Mann pro Ruder mit an Bord, um den eigentlichen Ruderer vor feindlichen Wurfgeschossen zu beschützen, und um einen Mann zu haben, der für den Nahkampf zur Verfügung stand. Natürlich haben diese vor Kampfbeginn auch beim Rudern mitgeholfen. Olaf Tryggvassons Schiff, die Long Serpent, hat in der Schlacht von Svöldr im Jahr 1000 angeblich acht Männer pro Ruder zur Verfügung gehabt sowie 30 weitere Soldaten. Das würde zusammen die unwahrscheinliche Zahl von 574 Männern ergeben. Realistischer ist es, dass acht Männer pro Raum (sprich: 4 pro Ruder) anwesend waren, sodass man auf eine Gesamtzahl von 302 Männern kommen würde.

Auf offener See sorgt das große Rahsegel für Vortrieb. Diese Technik machten sich die Skandinavier im späten 8. Jahrhundert zu eigen, sodass der Wikinger-Ära nichts mehr im Wege stand. Die Viking, eine Rekonstruktion des Gokstad-Schiffes, das 1893 durch den Atlantik segelte, erreichte eine Höchstgeschwindigkeit von 11 Knoten. So gelangte man in nur 28 Tagen von Bergen (Norwegen) nach Neufundland. Die Segel wurden wahrscheinlich aus Wolle gemacht, auch wenn einige Experten behaupten, dass sie aus Leinen bestanden. Die diamanten- und streifenförmigen Muster auf den Segeln kann man auch auf den Bildsteinen von Gotland sehen. Vermutlich kamen diese Muster durch Segel verstärkende Streifen aus Leder, Hanf oder Leinen zu Stande, damit die Wollsegel gut gespannt und in Form blieben. Auf den Bildsteinen sieht man auch gereffte Segel, die nach demselben Prinzip befestigt waren, wie es bei den norwegischen Fischerbooten bis zum Ende des 19. Jahrhunderts noch der Fall war. Auf diese Weise fasste man das Segeltuch vor und nach dem Segelziehen zusammen, sodass die Segel problemlos gesetzt werden konnten. In den Sagen werden die Wikinger-Segel als gestreift, blau-, rot- oder grün-kariert oder weiß beschrieben. Die Überreste der Segel des Gokstad-Schiffes besaßen weiß-rote Streifen. Der Mast war vermutlich halb so hoch wie das Schiff lang war, sodass das Schiff, wenn man den Mast herunterließ, problemlos die Gefechtsposition einnehmen konnte. Allerdings wurde bis heute kein komplett erhaltener Mast gefunden.

Am Heck des Schiffes war steuerbordseitig ein großes Ruder mit abnehmbarem Rudergriff befestigt. Der Steven und das Heck waren in der Regel mit Schnitzereien, etwa Tierköpfen und Schwänzen, versehen. Hauptsächlich griff man dabei auf Drachendarstellungen zurück, ein nordeuropäischer Brauch, den man - wie norwegische Höhlenzeichnungen beweisen - bereits auf das 1. und 2. Jahrhundert zurückdatiert. Auf Grund solcher Galionsfiguren, die in der Regel reich verziert waren, erhielten die Schiffe auch meistens ihre Namen: Long Serpent, Bison, Crane und Man's Head, um nur einige Beispiele zu nennen. Das isländische Gesetz schrieb vor, dass solche Galionsfiguren

Hugin, eine Rekonstruktion des Gokstad-Schiffes, das in Dänemark gebaut wurde und 1949 die Nordsee durchquerte. Das Schiff befindet sich in einer Dauerausstellung in der Pegwell-Bucht, in der Nähe von Ramsgate, Grafschaft Kent.

von den Schiffen entfernt wurden, wenn sie sich der Insel näherten, damit die isländischen Geister, die über das Land wachen, sich nicht erschrecken und davonfliegen. Das Abnehmen der Figuren war unter allen Skandinaviern bekannt. Selbst auf dem Teppich von Bayeux kann man sehen, dass die normannische Invasionsflotte auf offener See mit den Galionsfiguren fuhr, diese im englischen Hafen aber entfernt hatte.

DIE WIKINGER IM AUSLAND

Die Wikinger in England: 9. bis 10. Jahrhundert

Nach den ersten Übergriffen der Wikinger auf England Ende des 8. Jahrhunderts folgte erst einmal ein relativ ruhiger Zeitabschnitt. Das änderte sich jedoch 40 Jahre später, 835, da die Angelsächsischen Chroniken berichten, dass die Insel Sheppey „von Heiden verwüstet" wurde. Danach und im Laufe des restlichen Jahrhunderts verging kaum ein Jahr, in dem die Chroniken nicht von einem Einfall der Wikinger irgendwo im Land erzählen. Zunächst handelte es sich hierbei um nicht viel mehr als um räuberische Überfälle, die in den Sommermonaten erfolgten, wenn die Wikinger auf Kriegsbeute und Sklaven aus waren. Noch gab es keine Anzeichen für eine dauerhafte Besiedlung Englands. Aber um 850/851 herum schien sich die Strategie der Angreifer zu ändern: Die Chroniken bezeugen, dass es nun „zum ersten Mal vorkam, dass die Barbaren den Winter über dablieben" - und zwar auf der Insel Thanet. 855/856 „blieb ein Kriegsherr der Wikinger den ganzen Winter über", diesmal auf der Insel Sheppey; 864/865 erreichte „eine große Flotte von Heiden" den Kontinent und überwinterte in Ost-Anglia. Dieses Mal waren sie allein mit der Absicht ins Land gekommen, zu bleiben.

Die „große Flotte", die 865 eintraf, besaß unter ihrer Führern zahlreiche Söhne des berühmten dänischen Königs Ragnar Lodbrok, der im Norden als Inbegriff eines wahren Wikingers angesehen wurde. Die Söhne, die von sich reden machten, waren Ivar der Knochenlose, Halfdan und Ubbi oder auch Hubba genannt. Laut Ragnar's Saga begannen sie mir ihren Angriffen nur deshalb, weil sie den Tod ihres Vaters in den 850er-Jahren durch die Hände des Königs Aella von Northumbria rächen wollten, der ihren Vater angeblich in einer Schlangengrube gefangen gehalten haben soll, nachdem er im Kampf überwältigt worden war. Trotz der Tatsache, dass Aella erst 866 an die Macht kam und Ragnar wahrscheinlich durch einen altnordischen König in Irland getötet wurde, griffen Ragnars Söhne York an und besetzten es Ende 867, nachdem sie zuvor ein Jahr mit Plünderungen und der Verstärkung ihrer Truppen in Ost-Anglia verbracht haben.

868 nahmen sie Aella schließlich gefangen und exekutierten ihn auf grausame Art und Weise. Anschließend wurden große Teile Northumbrias und Ost-Mercia (868) von den Wikingern überrannt. 869 führte Ivar einen Teil des Kriegsheeres nach Ost-Anglia, wo er König Edmund - ähnlich wie Aella zuvor - gefangen nahm und exekutierte. (Obwohl Edmund anscheinend auch von Pfeilen durchbohrt wurde, so waren beide Könige doch auch einem grausamen

Es gibt an die 375 Bildsteine aus Sand und Kalk, die die Zeit auf der Insel Gotland (Schweden) überstanden haben und vermutlich aus dem 5. bis zum Ende des 10. Jahrhundert stammen. Die wichtigsten kommen aus dem 8. und 9. Jahrhundert. Dieses spezifische Beispiel aus Lärbro zeigt auf seinem unteren Abschnitt ein aufgetakeltes Langschiff und eine Schlachtszene auf dem oberen Abschnitt. Dazwischen befindet sich eine Prozession von Kriegern, die sich Valhalla nähern. (Antikvarisk-Topografiska Arkivet, Stockholm)

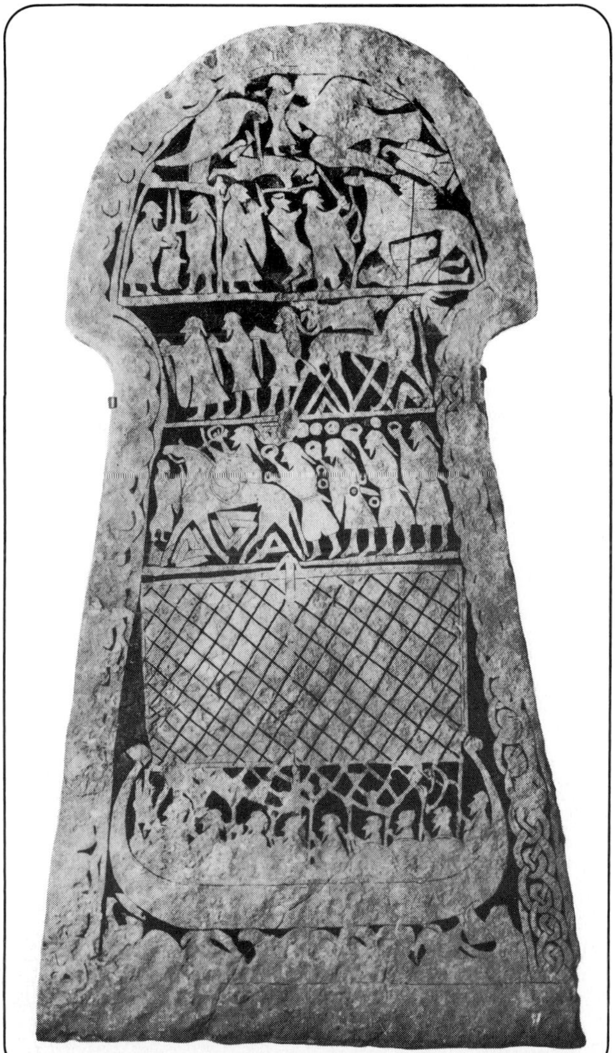

Ritual, der „Blut-Adler"-Folter[1], ausgesetzt gewesen.) Daraufhin verschwand Ivar von der Szenerie. (Er zog nach Irland und eroberte Dublin, wo er vermutlich 873 starb.) An seiner Stelle stieg Halfdan zum Heeresführer auf, der 871 als Erster von sieben Wikinger-Kommandeuren bei der Schlacht von Ashdown zugegen war. Alle Anführer, bis auf Halfdan, verloren bei dem glorreichen Sieg der Sachsen ihr Leben. Doch der englische Triumph war nur von kurzer Dauer: Es folgte eine Reihe von Niederlagen in Basing, Meretun, Reading und Wilton. Am Ende sah König Alfred von Wessex sich gezwungen, um Frieden zu bitten, nicht zuletzt auch darum, weil eine neue Armee von Wikingern, die so genannte „Sommer-Armee" - die übrigens für die Niederlage der Sachsen in Wilton bereits mitverantwortlich war -, den Kontinent erreicht hatte, um die Truppen Halfdans zu verstärken.

In den kommenden Jahren konzentrierten die Wikinger sich darauf, ihre eroberten Gebiete in Nord- und Ost-England zu halten. Für kurze Zeit setzten sie Marionetten-Könige in Northumbria und Mercia ein (der letzte Sachsen-König war 874 geflohen), bevor sie die Königreiche 876 bzw. 877 unter sich selbst aufteilten. Anschließend trat Halfdan in die Fußstapfen seines Bruders Ivar und segelte nach Irland, nachdem er gebeten worden war, das Königreich Dublin für sich selbst zu sichern, nur um von norwegischen Wikingern in der Schlacht von Strangford Lough (877) besiegt und getötet zu werden.

Dies führte zur Einsetzung des Königs Guthrum, der zusammen mit den zwei Königen Oskytel und Anwend die „Sommer-Armee" aus dem Jahre 871 kommandiert hatte (die nun in Cambridge stationiert war). Guthrum wurde zum obersten Führer des dänischen Heeres in England ernannt. 878 vollzog er einen raffinierten Schachzug, indem er das letzte unabhängige sächsische Königreich zerstörte: Die Angelsächsischen Chroniken berichten wie „der Heerführer mitten im Winter heimlich nach Wessex ritt und es besetzte. Einen Großteil der Einheimischen ließ er per Schiff verschleppen und zwang den Rest, sich zu unterwerfen. Doch König Alfred konnte entkommen. Unter großen Schwierigkeiten gelang es ihm und einer kleinen Kompanie, sich durch die Wälder zu schlagen und in unzugängliches Sumpfgebiet vorzudringen."

Da Alfred immer noch auf freiem Fuß war, schafften

[1] **Dem lebenden Opfer wurde eine Anzahl von Rippen heraus gerissen, sodass seine Lungen auf Grund der gewaltigen Wunden nach außen traten. Dort lagen sie dann, wie rote Flügel pulsierend, bis das Opfer starb.**

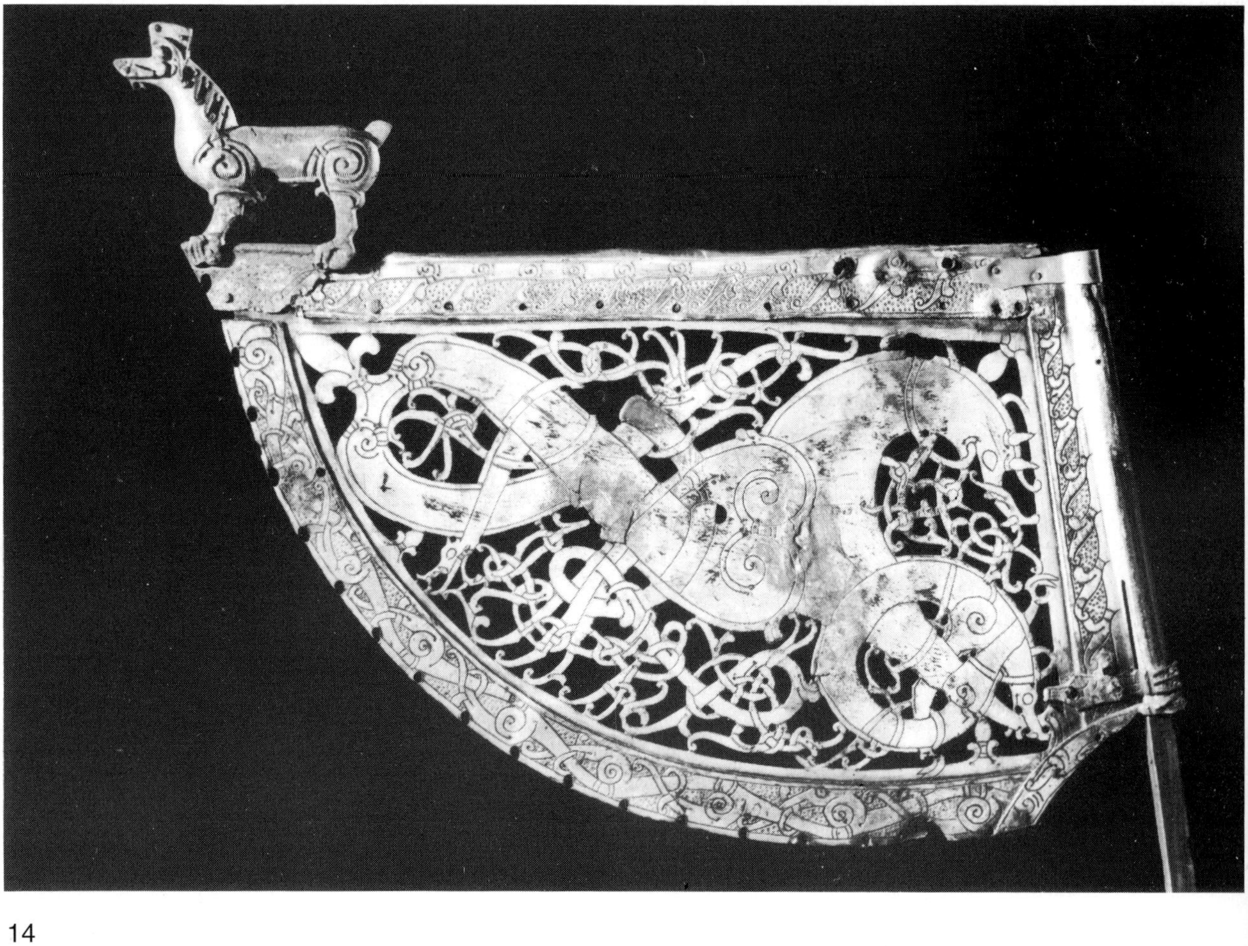

die Wikinger es nicht, diesen Teil Englands dauerhaft zu besetzen. Alfred griff die Besetzer von einer Festung aus an, die er in Athelney errichtet hatte - „umgeben von Morast, unberührtem und weitläufigem Sumpfgebiet und Wasser an allen Seiten“ und nur mit dem Boot erreichbar. Schon bald danach ließ Guthrum seine Männer von Somerset, Wiltshire und Hampshire zusammenkommen und gab den Marschbefehl zur Schlacht von Edington (Ethandun). Auf Grund seiner Niederlage sahen Guthrum und andere Wikinger-Anführer sich jedoch gezwungen, Gefangene auszuliefern, zum Christentum zu konvertieren und Wessex zu verlassen.

Kurze Zeit später schlossen Alfred und Guthrum 886 ein Friedensabkommen, woraufhin es zur Festlegung eines dänischen Besetzungsgebietes kam, das später (im 11. Jahrhundert) unter dem Namen Danelaw bekannt wurde und Ost-Anglia und das „Fünfburgenland“, bestehend aus Derby, Leicester, Lincoln, Nottingham und Stamford, mit einschloss. Wie weit sich die Skandinavier in diesem Gebiet ausgebreitet haben, wird auch heute noch an der Vielzahl der immer noch existierenden Namen für öffentliche Plätze deutlich, die folgende Endungen besitzen: -thorpe („Dorf“), -thwaite („Wiese“) und -by („Bauernhof“).

Noch im selben Jahr landete ein anderer wikingischer Heerführer in England. Aber nachdem er in Fulham überwintert hatte, zog er sich verständlicherweise auf das europäische Festland zurück, allerdings nicht ohne vorher eine Spur von Zerstörung und Verwüstung hinterlassen zu haben. Nach einer weiteren Niederlage im Jahr zuvor, kehrte der ostfränkische König Arnulf im Jahre 892 mit seiner „Großen Armee“ und eigenen Pferden aus Boulogne zurück. Viele Jahre lang genügten vereinzelte Kämpfe, um die Grenzen von Alfreds Königreich zu sichern, aber im Sommer des Jahres 896 „zerstreute sich die Armee der Wikinger, einige zogen nach Ost-Anglia, andere nach Northumbria, und diejenigen, die keine Besitztümer hatten, besorgten sich Schiffe, um in Richtung Süden über die See bis hin zur Seine“ zu segeln. Die Tatsache, dass die letzte Gruppe gerade Mal mit fünf Schiffen mit höchstens 350 bis 400 Männern an Bord unterwegs war, würde die Ansicht verschiedener moderner Fachleute bestätigen, dass diese so genannte „Große Armee“ vermutlich aus nicht viel mehr als 1000 Mann bestanden haben muss. (Ursprünglich ging man von unwahrscheinlichen 2000 bis 3000 aus.)

Selbst nachdem sich die „Große Armee“ aufgelöst hatte, versuchten die in Ost-Anglia und Northumbria siedelnden Wikinger auch weiterhin Wessex von der See- und Landseite aus zu zermürben. Allerdings hatte König Alfred, der 899 starb, seinen Nachfolgern eine starke und gut organisierte Militärmaschinerie hinterlassen, die sowohl auf dem Lande als auch zu Wasser perfekt funktionierte, und mit deren Hilfe Edward der Ältere (899-925) und Athelstan (925-940) das Danelaw-Gebiet zurückerobern konnten.

Northumbria hielt etwas länger stand, was zum Teil dem Zustrom einer neuen Welle von Wikingern zu ver-

Dies ist eine von den Schmuck-Fahnen (vedrviti) aus vergoldetem Kupfer oder Bronze, die laut den Aufzeichnungen am Bug vieler Wikinger-Langschiffe als Zeichen von Bedeutsamkeit befestigt waren. Vier Stück haben als Windfahnen auf Kirchturmspitzen überlebt: Die hier abgebildete Fahne stammt aus Söderala, Hälsingland, Schweden, wohingegen die anderen aus Källunge, Gotland, und aus Heggen und Tingelstad in Norwegen kommen. Wahrscheinlich kann man alle auf das 11. bis 13. Jahrhundert zurückdatieren, obwohl die Söderala-Fahne manchmal auch dem 10. Jahrhundert zugeordnet wird. Das Beispiel aus Heggen weist zumindest zahlreiche Kratzer und Dellen auf, die von Pfeilen stammen könnten. Solche Fahnen wurden so lange benutzt, wie es Langschiffe im Wikinger-Stil gab. Vermutlich haben sie den Umstand, dass man sie danach als Fahnen für Kirchturmspitzen verwendete, dem Brauch zu verdanken, dass man im Winter Segel und andere lose Ausrüstungsgegenstände von Kriegsschiffen in örtlichen Kirchen verstaute. Nach einer niederschmetternden Seeschlacht gegen eine Hanse-Flotte im 15. Jahrhundert wurden die Langschiffe nie wieder eingesetzt. Ihre Ausrüstung schmiss man aus den Kirchen hinaus und behielt nur noch die Fahne (vedrviti) als Erbstück zurück. (Antikvarisk-Topografiska Arkivet, Stockholm)
Die Zeichnung stammt von einem geschnitztem Stock aus der ersten Hälfte des 13. Jahrhunderts, den man in Bergen fand. Das Bild zeigt, dass die Bugseiten von drei Schiffen der norwegischen Flotte mit Fahnen ausgestattet waren.

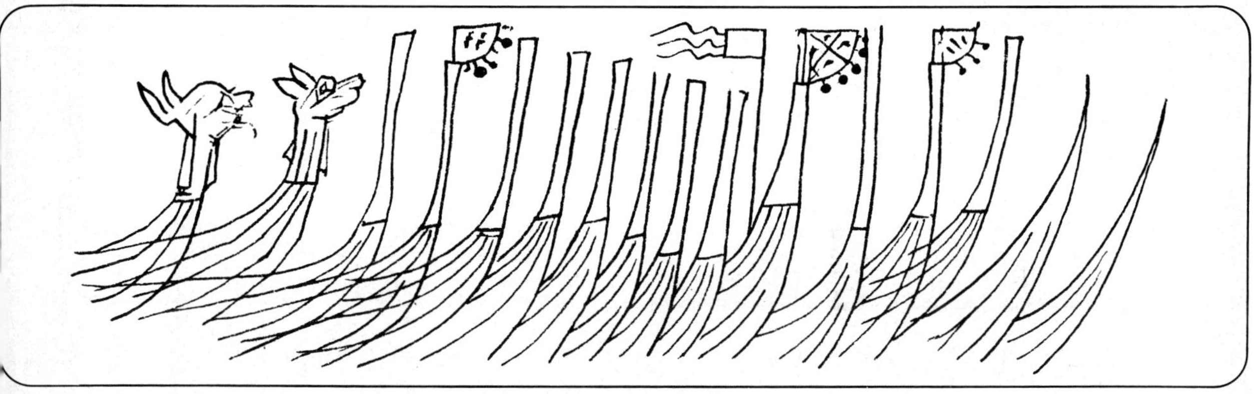

Norwegische Waffen aus dem 9. und 10. Jahrhundert: ein Gokstad-Schild, der Gjermundbu-Helm und Schwerter, Speerspitzen und Axtköpfe verschiedener Herkunft. (Oldsaksamling der Universität Oslo)

danken war. Diesmal von Nordländern aus Irland, die 919 York den Dänen abgenommen und ihre eigenen Dynastien gegründet hatten, die sowohl von den skandinavischen Siedlern als auch von den Sachsen Northumbrias akzeptiert wurden. Hin und wieder herrschten auch sie einmal über die nördlichen Ansiedlungen Irlands, sowohl über die Western als auch die Orkneys Islands und über das „Fünfburgenland". König Rognvald von York gestand Süd-Sachsen 920 Oberhoheit zu, was auch König Sihtric 926 tat. 927 marschierte Athelstan in York ein und vertrieb Sihtrics Sohn und Nachfolger Olaf und seinen Bruder, Olafs Mentor und Regent, Guthfrith. Der Sohn des zuletzt Genannten, der ebenfalls Olaf hieß, eroberte York noch vor dem Ende des Jahres 939 zurück und erhielt schon im darauf folgenden Jahr das „Fünfburgenland" per Vertrag zugesprochen. Ihm folgte sein etwas weniger energisch auftretender Cousin Olaf Sihtricsson als König von York nach, von dem die Süd-Sachsen 942 das „Fünfburgenland" mit nur einer Entscheidungsschlacht zurückholen konnten. Olaf selbst wurde 944 vertrieben.

Olaf gelang von 949 bis 952 noch ein Comeback, doch die zweifelhafte Ehre, der letzte Wikinger-König von York gewesen zu sein, wurde einem Sohn von König Harald Fairhair aus Norwegen zuteil, dem berüchtigten Erik Blutaxt, der als der „berühmteste Wikinger von allen“ bezeichnet wurde. Zweimal regierte er in Northumbria: von 947 bis 948 und von 952 bis 954. In den Angelsächsischen Chroniken ist nur zu lesen, dass „die Northumbrier Erik 954 vertrieben“ und dass König Eadred von England als Nachfolger über das Königreich herrschte. Spätere Erzählungen aus Island, die ihre Informationen aus einer aus dem 10. Jahrhundert stammenden und wiedergefundenen Chronik Northumbrias beziehen, liefern einen vollständigeren Bericht ab. Diesem zu Folge wurde Erik an einem Ort namens Stainmore mit „König Olaf, einen untergeordneten König von König Edmund (sic)“ konfrontiert, der „unzählbar viele Menschen zusammengerufen hatte, mit denen er gegen König Erik antrat. Eine furchtbare Schlacht entbrannte, bei denen viele Engländer starben, aber immer wenn einer fiel, rückten drei neue aus den umliegenden Gebieten für ihn nach, sodass die Nordmänner gegen Abend schließlich in Unterzahl waren und viele von ihnen sterben mussten. Am Ende des Tages waren König Erik und fünf weitere Könige mit ihm gefallen. Bei drei von ihnen handelte es sich um Guttorm, Ivar und Harek (Letzterer war ein Sohn von Erik). Die zwei anderen waren Sigurd und Ragnvald (Letzterer war ein Bruder von Erik), und mit ihnen starben auch die zwei Söhne von Turf-Einar (dem Graf von Orkney), Arnkel und Erlend.“

Eine viel später datierte englische Chronik, die sich vermutlich auch auf die zuletzt genannte Quelle bezog, behauptet, dass Erik in Wirklichkeit von einem gewissen Maccus (Magnus), einem Sohn von Olaf, statt von Olaf selbst getötet worden war. Außerdem - da in der Armee auch Engländer waren - sei es wahrscheinlich, dass es sich bei dem in den Erzählungen vorkommenden „Olaf“ um Oswulf gehandelt haben muss, den sächsischen Graf von Bamburgh.

Wie dem auch sei, fest steht, dass Erik tot war und das Königreich der Wikinger in York ein Ende fand. „Von da an bis heute“, so schrieb John von Wallingford, „trauert Northumbria dem Wunsch nach einem eigenen König nach, und der Freiheit, die sie einst so genossen haben.“

Die Wikinger in Irland: die Schlacht von Clontarf

Obwohl man annahm, dass es sich bei der Flotte, die die Hebriden und Nordirland 617 überfallen haben, vermutlich um Skandinavier gehandelt hat, so datiert man den ersten offiziell bestätigten Übergriff der Wikinger auf Irland doch auf das Jahr 795, als die Insel von Reachrainn (oft wird an dieser Stelle auch die Insel Lambey nördlich von Dublin genannt, noch wahrscheinlicher ist aber Rathlin Island, fünf Meilen nordöstlich von der irischen Hauptinsel) geplündert und zwei Klöster an der Westküste ausgeraubt

Schwert aus dem 9. Jahrhundert mit dem typisch englischen, verschnörkelten Griff, was im 10. Jahrhundert von den Wikingern kopiert wurde. (Ashmolean Museum, Oxford)

Wikinger-Krieger auf einem verzierten Kreuz aus dem späten 9. oder frühen 10. Jahrhundert aus Middleton, Yorkshire. Helm, Axt, Schwert, Schild, Speer und Messer sind alle gut sichtbar.

erwähnt, obwohl diese Truppen denen der Wikinger zahlenmäßig mindestens 2:1 überlegen gewesen sein müssten. Es wäre auch falsch zu behaupten, dass Sigtrygg in der Schlacht eine entscheidende Rolle zugekommen wäre, denn während er den Kampf über in Dublin blieb, führte sein Bruder Dubhgall das Kontingent aus Dublin an. Wahrscheinlich befanden sich die ausländischen Wikinger unter Sigurd und Brodir hauptsächlich auf der linken Flanke, da man ihnen befohlen hatte, ihre Schiffe zu beschützen, während die Dubliner die Brücke auf der Rechten bewachten und Máelmórda in der Mitte die Stellung hielt. Die Aufstellung von Brians Truppen festzustellen ist weitaus schwieriger. Es ist bekannt, dass seine rechte Flanke durch den Fluss Liffey geschützt war und die linke durch den parallel dazu liegenden Fluss Tolka. Njal's Saga berichtet, dass der Hochkönig, der inzwischen 73 Jahre alt war, „an Karfreitag keine Waffen schwingen wollte, sodass man eine Mauer von Schilden um ihn herum errichtete und seine Armee sich vor ihm aufstellte." An seiner Stelle übernahm Murchad zusammen mit seinem Cousin Conaing und seinem 14 Jahre alten Sohn Toirdelbach das Kommando. Der Saga zu Folge soll auch Brians jüngster Sohn Tadg anwesend gewesen sein. Die aus dem 12. Jahrhundert stammende Aufzeichnung „Krieg der Gaedhill mit dem Gaill", in der erzählt wird, dass Brian zum Beten in seinem Zelt in Tomar's Wood zurückblieb, behauptet, dass die Männer so eng zusammenstanden, dass „ein Vier-Pferde-Gespann auf ihren Köpfen von der einen zur anderen Seite hätte fahren können" - so kompakt war ihre Formation. Allerdings ist auch von einzelnen „battals" bzw. Divisionen und drei unterschiedlichen Kolonnen die Rede.

„Die Armeen prallten aufeinander und ein furchtbares Gefecht brach aus", berichtete Njal's Saga. Im Zentrum der Fronttruppen führte Máelmórdha bergab einen Sturmangriff aus, der tief in die Reihen von Murchad schnitt. Seinen wikingischen Alliierten auf der anderen Flanke erging es allerdings weniger gut. Doch nach weiteren schweren Kämpfen begann sich Murchads zahlenmäßige Überlegenheit, die trotz des Rückzuges der Streitkräfte aus Mide vor der Schlacht sichtbar war, auszuzahlen. Die Leinster-Männer, die sich ohne Rückendeckung zu weit vorgewagt hatten, wurden wie auch die Wikinger zurückgeschlagen und begannen sich aufzulösen. Die Dubliner auf der Rechten wurden bis zur Stadtgrenze zurückgetrieben und dabei so dicht verfolgt, dass angeblich nur 20 Männer, eine Quelle behauptet sogar nur 9 Männer, die Festung lebend erreichten. Mittlerweile hatte sich die linke Flanke der Wikinger wieder sammeln können, sodass die Leinster-Männer an dieser Seite zurückweichen mussten. Aber nun waren sie praktisch von Murchads siegreichen Munster-Männern von rechts und links umzingelt. Sie hatten keine andere Wahl, als sich auf das Meer zurückzuziehen, wo es auch kaum Hoffnung auf ein Entkommen gab, da starker Wellengang die Wikinger-Schiffe außer Reichweite selbst der besten Schwimmer getrieben hatte. So kam es, dass viele Männer ertranken.

Obwohl inzwischen 12 Stunden vergangen waren, in denen beständig gekämpft wurde, war ein Ende der Schlacht noch nicht in Sicht. In ihrer Verzweiflung schaff-

Eine Sammlung norwegischer Waffen und Werkzeuge aus dem 9. und 10. Jahrhundert, die Pfeilspitzen, Speerspitzen, Axtköpfe, einen Schildbuckel, Steigbügel und Pferde-Zaumzeug beinhaltet Oben links liegt eine „skeggox" bzw. „Bartaxt"; in der Mitte rechts befindet sich eine „rangel" bzw. ein hohler Eisenträger, der an einem Ring befestigt wurde und zu den Steuerstangen eines Wagens gehört - die anderen Ringe dienten offensichtlich als Rassel, um böse Geister, die sich möglicherweise einer Reise anschlossen, zu vertreiben. (Oldsaksamling der Universität Oslo)

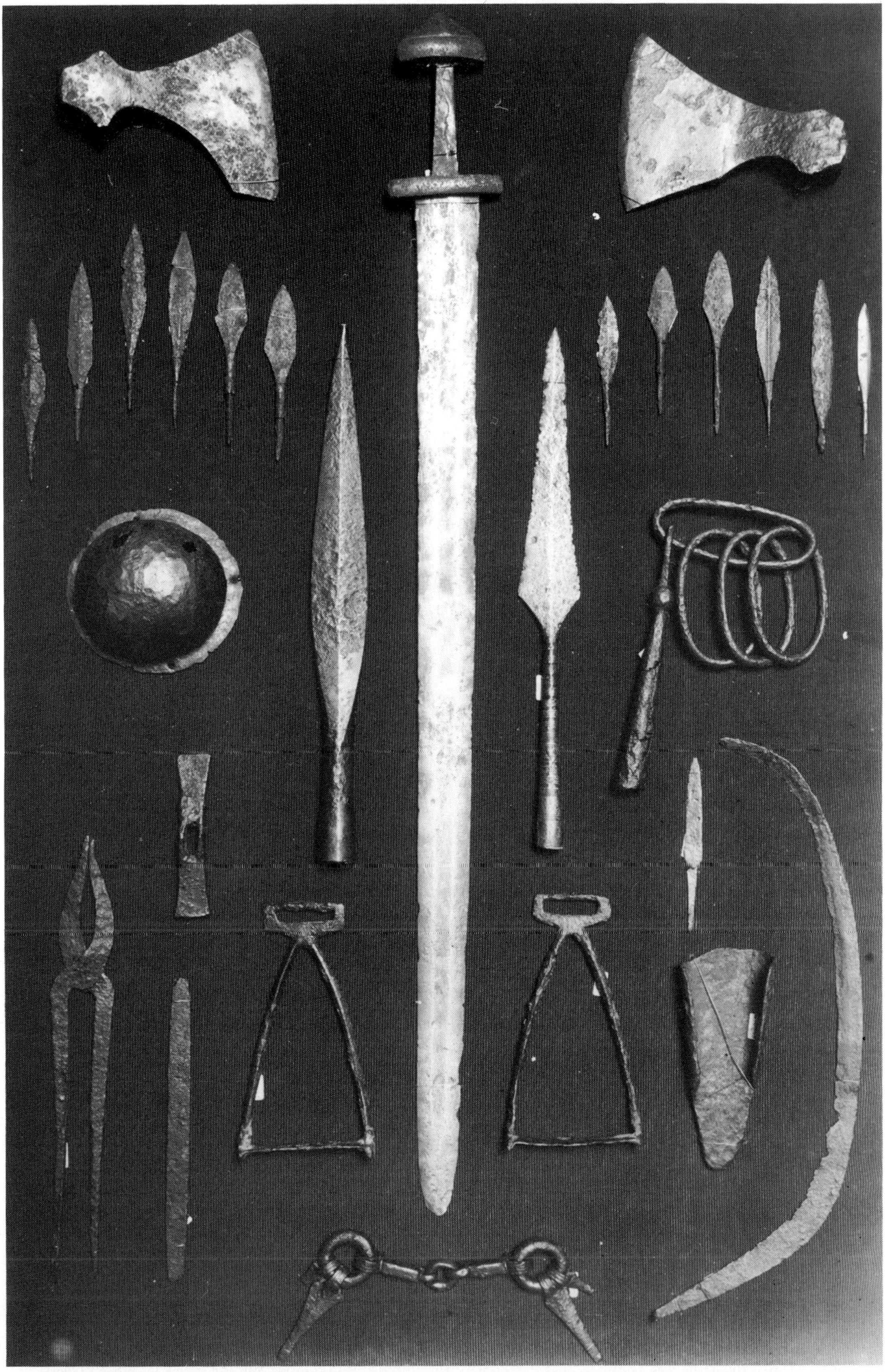

ten es einige Wikinger - unter ihnen Brodir -, sich durch Murchads Armee hindurchzuschlagen und das Lager des Hochkönigs hinter den irischen Linien zu erreichen. „Brodir konnte beobachten, dass König Brians Truppen die Flüchtlinge verfolgten", berichtet Njal's Saga, „und so blieben nur wenige Männer übrig, um den Schildwall aufrechtzuerhalten. Er (Brodir) kam aus den Wäldern angerannt, durchbrach den Schildwall und schlug nach dem König. Der Junge Tadg hob noch seinen Arm, um Brian zu beschützen, aber das Schwert trennte Arm und den Kopf des Königs ab ... Dann rief Brodir: ‚Zieht aus und berichtet allen, dass Brodir Brian zu Fall gebracht hat!'" Doch ihm blieb nur wenig Zeit, seinen Triumph zu genießen, da er und seine Begleiter von den Leibwächtern des Hochkönigs gefangen genommen und schließlich getötet wurden. In „Krieg der Gaedhil mit dem Gaill" wird die Zahl der Verluste unter den alliierten Wikingern und Leinstermännern auf 2500 Nordmänner und 3100 Iren angegeben, sprich 5600 Tote insgesamt. Andere Quellen sprechen von insgesamt 6000 bzw. 6000 Ausländern. Die höchste glaubwürdige Schätzung aus den Leabhar Oiris zählt 6700 tote Wikinger und 1100 Leinstermänner, wohingegen anderen Behauptungen zufolge die wikingischen Verluste bei weniger als 3000 Mann gelegen haben sollen, einschließlich der 1000 in Harnischen steckenden Soldaten unter dem Kommando Brodirs. Außerdem wurden praktisch all ihre Anführer getötet, einschließlich Sigurd, Brodir, Dubhgall und Máelmórdha: Kein Mann von Rang, der auf dem Feld vertreten gewesen war, schien am Ende des Tages noch am Leben zu sein. Nichtsdestotrotz war es eine Art Pyrrhussieg - nicht nur dass der Hochkönig selbst tot war, sondern auch Murchad (der am nächsten Morgen seinen schweren Verletzungen erlag), sein Enkelsohn Toirdelbach, der während der Verfolgungsjagd ertrank, und sein Neffe Conaing. Außerdem wurden mindestens sieben andere Könige und 1600 Adelige getötet. Eine Quelle gibt den Verlust der Männer von Munster und Connacht auf insgesamt 4000 an.

Griff eines von 40 norwegischen und fränkischen Schwertern aus dem 9. Jahrhundert, die Mitte des 19. Jahrhunderts auf einem großen wikingischen Friedhof in Kilmainham, Islandbridge, in den Außenbezirken Dublins gefunden wurden. Die Verzierungen auf dem Griff und Knauf sind aus Silber. Außerdem entdeckte man Speerköpfe und Schildbuckel. Ganz in der Nähe des Fundortes wurde der Hochkönig Niall Glundubh von Sigtrygg, König von Dublin, 919 vernichtend geschlagen. (Nationalmuseum Dublin)

Trotz ihrer Bedeutsamkeit in vielerlei Hinsicht war die Schlacht von Clontarf nicht so entscheidend, wie man oft glauben gemacht wird. Sie markierte nicht das Ende des skandinavischen Machteinflusses in Irland - denn dieser begann bereits in der Mitte des 10. Jahrhunderts zu schwinden -, und König Sigtrygg setzte seine Herrschaft in Dublin für weitere 20 Jahre ungestört fort. Wie dem auch sei, abgesehen von gelegentlichen räuberischen Beutezügen (wie von Magnus Barelegs 1101) sollten anderthalb Jahrhunderte vergehen, bevor eine fremde skandinavische Armee wieder auf irischem Boden kämpfte.

Wikinger im Osten: die Varangianische Garde

Obwohl sie schon mindestens seit dem 7. Jahrhundert im östlichen Baltikum Handel betrieben haben, so fand laut Aufzeichnungen der erste Raubzug der Wikinger im Osten 852 statt, als ein schwedischer Heerführer die Stadt Novgorod erreichte und das so genannte „Danegeld" von seinen Einwohnern verlangte. Auch danach tendierten die Wikinger im Osten, die hauptsächlich aus Schweden stammten, dazu, sich anzusiedeln und eher Handel denn Piraterie zu betreiben. Nichtsdestotrotz gelang es ihnen innerhalb kürzester Zeit, sich als Herrscher über die einheimische slawische Bevölkerung, die die Wikinger als „Rus" bezeichneten, zu etablieren. Um 858 herum hatten die Wikinger ihre Stellung in Kiew gefestigt, von wo aus sie in nur zwei Jahren später eine gewagte - wenn auch erfolglose - Attacke auf Konstantinopel starteten („Miklagard", „Die große Stadt", wie sie sie nannten), indem sie mit ihren Schiffen den Dnjepr herunterfuhren und das Schwarze Meer überquerten.

Vorder- und Rückansicht eines der 64 Gokstad-Schilde (900), die beinahe einen Meter Durchmesser haben. Die verschnörkelte Metallumrandung und drei Holzrippen auf der Rückseite sind modern. Ursprünglich malte man die Schilder der Gokstad-Schiffe schwarz oder gelb an und band Leder um den Rand herum. (Oldsaksamling der Universität Oslo)

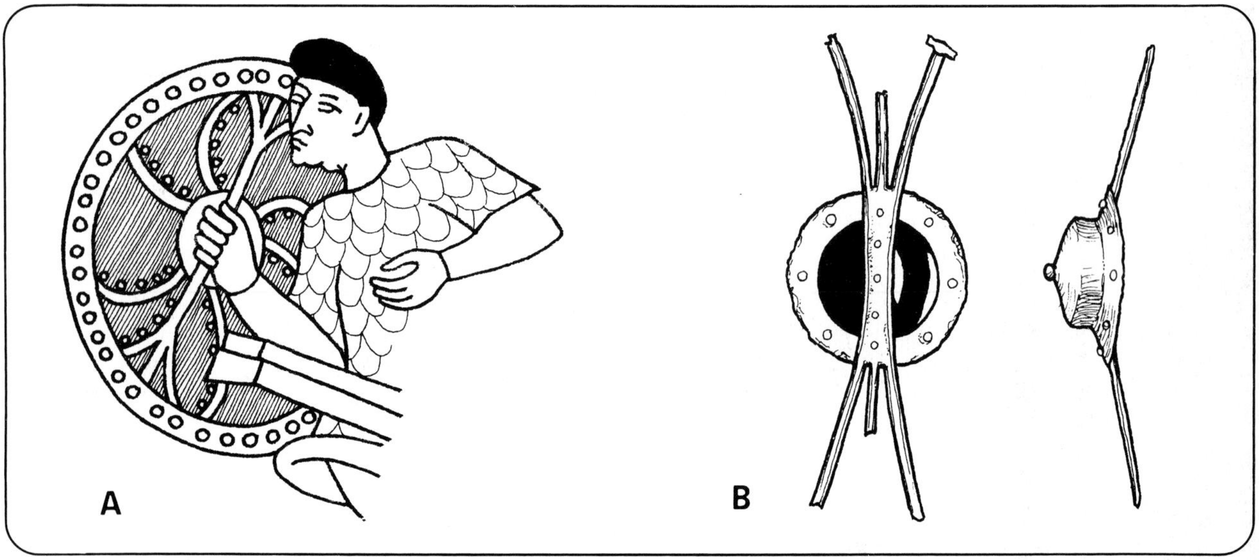

Die aus dem 10. Jahrhundert stammenden Frostathinglaw und Gulathinglaw sahen vor, dass „drei Eisenverstrebungen quer über den Schilden liegen“ und dass der Handgriff an der Innenseite mit Eisennägeln befestigt wird. Diese Konstruktion ähnelt den aus dem 9. Jahrhundert stammenden Illustrationen aus dem Karolinger-Manuskript, wie man sie hier in Zeichnung A sehen kann (außerdem sind hier zusätzliche gebogene Verstärkungen sichtbar).
Bei Zeichnung B handelt es sich um ein fränkisches Ausgrabungsbeispiel. Die gebogenen Verstrebungen von A kann man auch auf den Zeichnungen der Gotland-Bildsteine betrachten.

Weitere große Feldzüge gegen das Byzantinische Imperium erfolgten in den Jahren 907, 941 und 944, als die Rus bereits anfingen, sich voll und ganz ins slawische Volk zu integrieren, sodass man sie nicht wirklich mehr für Wikinger halten konnte. Sogar der arabische Geograph Ibn Khordadbah beschrieb die Rus als eine „Art von Slawen“.

Den Rus zufolge waren „echte“ Wikinger Arabern und Byzantinern gleichgestellt, wie auch die „Varangianer“, die fortwährend die russische Geschichte geprägt haben: Denn die nachfolgende Prinzessin von Kiew und Novgorod holte große Gruppen von Wikingern als Söldner ins Land - eine Praxis, die sich bis ins 11. Jahrhundert hineinzog; den letzten Hinweis auf einen wikingischen Söldner findet man 1043. Nachdem sie bereits eine Weile in Russland verbracht hatten, gingen viele dieser Wikinger nach Konstantinopel, um sich der byzantinischen Armee anzuschließen, in der bereits im Jahre 911 über 700 von ihnen verzeichnet waren. Von da an gibt es zahlreiche Hinweise auf Wikinger, die in Byzanz arbeiteten: 935 begleiteten sieben Wikinger-Schiffe mit 415 Mann Besatzung eine byzantinische Expedition von Russland nach Italien; 949 segelten auf einer ähnlichen Expedition 629 Männer nach Kreta; es ist dokumentiert, dass Truppen der Rus oder Wikinger 955 gegen die Araber kämpften, und dass sie 968 an einem Feldzug in Sizilien teilgenommen haben. 20 Jahre später, 988, schickte Vladimir von Kiew ungefähr 6000 Wikinger zur Unterstützung des Kaisers Basil II. Und unter ihnen befanden sich die ersten Soldaten, aus der sich dann die berühmte Varangianische Garde gebildet hat.

Die Gründung der Varangianische Garde - oder der „Axt tragenden“ Wache, wie sie in byzantinischen Quellen oft genannt wird - kam auf Grund Basils Misstrauen gegenüber seinen ortsansässigen byzantinischen Wächtern zu Stande. Im Gegensatz dazu vertraute er Vladimirs Russen-Wikinger, da er sie wahrscheinlich aus den Beschreibungen der arabischen Reisenden so gut kannte. Er erfuhr, dass die Loyalität der Rus gegenüber ihrem König so groß war, dass sie „mit ihm oder für ihn sterben würden“. Und wie sich herausstellte, war dieses Vertrauen gerechtfertigt: Anna Comnena schrieb im 11. Jahrhundert, dass die Wächter „ihre Loyalität gegenüber dem Kaiser und den Schutz seiner Person als Familientradition ansahen, eine Art von geheiligtem Vertrauen und Erbe, das Generation für Generation weitergegeben wurde. Diese Ergebenheit blieb ungebrochen erhalten und sollte niemals das leiseste Anzeichen von Verrat aufweisen.“ Deshalb waren Skandinavier - ob Schweden, Norweger, Dänen oder Isländer - am byzantinischen Hof immer willkommen. Die isländischen Sagen wie auch die bis heute erhalten gebliebenen Runeninschriften enthalten zahllose Hinweise auf Männer, die immer mal wieder im Dienste der Varangianischen Garde gestanden haben. Sogar Harald Hardrada, späterer König von Norwegen, wurde ein Offizier der Wache.

Auch anderthalb Jahrhunderte nach ihrer Gründung bestand die Varangianische Garde im Prinzip nur aus Skandinaviern, aber nach dem Einfall der Normannen in Eng-

Verzierte norwegische Speer-Fassungen. Die „Flügel“ am unteren Ende kommen wahrscheinlich aus Franken, auch wenn die Speerstangen mit großer Sicherheit von wikingischen Handwerkern angefertigt wurden. (Oldsaksamling der Universität Oslo)

Das ist der berühmte Piräus-Löwe, eine 3,7 m hohe, weiße Marmor-Statue, die ursprünglich im griechischen Hafen von Piräus gestanden hat. Auf seinen Schultern sind die verwitterten Überreste von zwei mittlerweile unleserlichen Runeninschriften, die auf den Dienst der Wikinger für den byzantinischen Kaiser hinweisen (unten). Einige haben versucht, darin Hinweise auf Harald Hardrada zu finden, aber die Darstellungsweise der Inschriften ist eindeutig schwedisch, nicht norwegisch, und stammt vermutlich aus dem Zeitraum 1000 bis zur zweiten Hälfte des 11. Jahrhunderts.

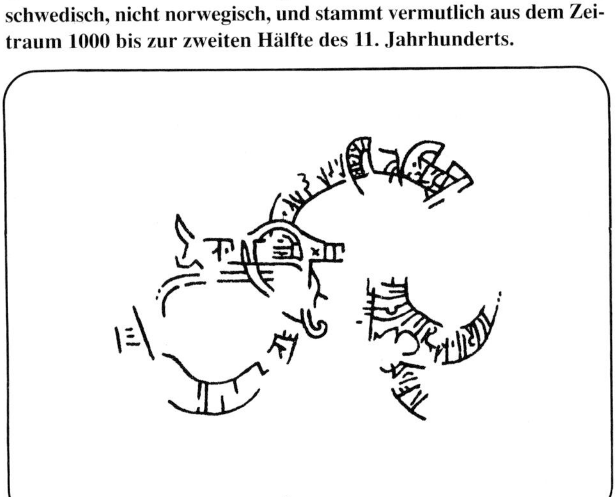

land im Jahre 1066 wurde auch eine große Anzahl angelsächsischer Emigranten in die Reihen mit aufgenommen. Ersten Aufzeichnungen zu Folge begannen sie in den 1070ern und 1080ern ihren Dienst in der skandinavischen Brigade aufzunehmen. Die Zahl der Engländer stieg im Laufe des 12. Jahrhunderts stetig an, bis der byzantinische Chronist Cinnamus 1180 feststellte, dass die Varangianische Garde sich aus Männern „Britischer Herkunft" zusammensetzte. Sverrir's Saga wiederum berichtet, dass der Kaiser im Jahr 1195 Gesandte zu den Königen von Norwegen, Schweden und Dänemark schickte, da er 1200 Männer für den Dienst in der Wache benötigte, während sich Villehardouin's Chroniken des vierten Kreuzzuges von 1202 bis 1204 wiederholt auf dänische und englische Wächter beziehen. Wie dem auch sei, zu diesem späten Zeitpunkt waren die Skandinavier zweifelsohne in der Minderheit und im späten 13. Jahrhundert kann man in ausnahmslos allen Quellen lesen, dass es sich bei den Wachmännern um „Englinoi" („Engländer") gehandelt hat. Damit war das Abenteuer der Wikinger im Osten zu Ende.

Die Wikinger in England: 11. Jahrhundert

Während die Macht der Wikinger in Irland und im Osten schwand, erlebte sie 978 in England, nach dem Amtsantritt des schwachen und unentschlossenen Königs Ethelred Unraed, der der Nachwelt als Ethelred der Ratlose in Erinnerung blieb, ein unerwartetes Wiederaufleben. 980 begann es mit räuberischen Überfällen, die in den kommenden 30 Jahren nach und nach in Ausmaß und Schwere zunahmen, trotz des häufig gezahlten Danegeldes als Versuch sich von den Piraten freizukaufen: Deshalb zahlte man im Jahre 991 10.000 Pfund in Silber und 994 16.000 Pfund. Danach stieg der Preis mit jeder neuen Forderung, bis die Tributzahlungen 1012 eine Höhe von bis zu 48.000 Pfund erreicht hatten. Ermutigt durch den Reiz solcher Verdienstsmöglichkeiten, raubten dänische Wikinger England von 997 bis 1014 beinahe jedes Jahr aus. Der schlecht geführte englische Militärapparat wurde durch diese systematische Ausbeutung, die König Swein Forkbeard der ca. 984 bis 1014 König von Dänemark war, federführend leitete, geschwächt, sodass er letztlich zusammenbrach. 1013 erkannten die Menschen in Northumbria und East-Anglia Swein als ihren Souverän an, woraufhin es zur Etablierung einer Reihe von wikingischen Königen in England kam. Zu ihnen gehörten Swein (1013 - 1014), sein Sohn Cnut (1016 - 1035) und dessen Sohn Harald Harefoot (1035 - 1040) und Harthacnut (1040 - 1042). Obwohl diese Reihe mit Harhacnut ausstarb, wurde der Anspruch auf den englischen Thron später durch den norwegischen König Harald Sigurdsson, der ihn von seinem Neffen, Mag

Obwohl es ein Ereignis aus dem 9. Jahrhundert zeigt, porträtierte der Künstler die Leibwächter des Kaisers als Varangianische Wächter aus dem 12. Jahrhundert. 18 ihrer berühmten Äxte sind Beweis hierfür, wie auch die vier Flaggen und die sieben Speere. (Nationalbibliothek Madrid)

nus dem Guten, geerbt hatte, der 1042 bis 1047 König von Dänemark und Norwegen war, wieder aufgegriffen.

Harald Sigurdsson, der posthum den Spitznamen Hardradi („der Unbarmherzige") erhielt, hatte eine bewegte Karriere, die typisch für viele wikingische Anführer war. Der Sohn eines kleinen norwegischen Königs, der den Ringerike-Distrikt regierte, hatte zur Unterstützung seines Halbbruders König Olaf Haraldsson (St. Olaf) 1030 in der Schlacht von Stiklestad gekämpft, in der Haraldsson umkam. Danach floh Sigurdsson in den Osten, zum Hof von König Jaroslaw aus Russland. Nachdem er dort einige Jahre verbracht hatte, in denen er gegen die Polen gekämpft hatte, machte er sich mit „einem großen Gefolge" auf nach Konstantinopel und trat der gefeierten Varangianischen Garde bei. Er kämpfte unter Georgios Maniakes gegen die Araber in Anatolien und Sizilien und unter anderen byzantinische Generälen in Süditalien und Bulgarien, bevor er in Konstantinopel wegen offenkundiger Unterschlagung von imperialem Beutegut, das er im Zuge dieser Expeditionen an sich genommen hatte, gefangen genommen wurde.

1042 konnte Sigurdsson während eines Volksaufstandes gegen den Kaiser Michael Calaphates fliehen. Anschließend kehrte er über Russland nach Skandinavien zurück. Als er Dänemark erreichte, unterstützte er Svein Ulfsson in seinem Kampf gegen Haralds Neffen, König Magnus, um die Nachfolge auf dem dänischen Thron. Allerdings wechselte er 1045 auf die Seite von Magnus und erhielt dafür das halbe norwegische Königreich. Nach Magnus' Tod im Jahr 1047 bekam er auch noch die andere Hälfte.

Sigurdsson war 51 Jahre alt, als 1066 Tostig, der im Exil lebende Graf von Northumbria und Bruder von König Harold Godwinsson von England, auf der Suche nach militärischer Unterstützung in Norwegen ankam, um seine verlorene Machtposition zurück zu gewinnen. Hardrada hatte bereits seit den 1050er-Jahren Pläne für den englischen Thron und benötigte dafür Unterstützung von Tostig. King Haralds's Saga erzählt, dass „der Graf und der König sich oft ausführlich unterhalten haben, bis sie schließlich in diesem Sommer zu der Entscheidung kamen, in England einzumarschieren."

Eine gigantische Flotte versammelte sich im Süden

Eine aus der Mitte des 11. Jahrhundert stammende Runeninschrift aus Ed, Kyrkstigan, Uppland, zum Gedenken an einen Schweden, der in der Varangianischen Garde gedient hat. Die Inschrift besagt: „Rognvald hat diese Runen geschnitzt: Er war Anführer der Kriegstruppen in Griechenland."

Norwegens: Laut Saga waren es 240 Schiffe („die kleineren Boote und Versorgungsschiffe nicht mitgerechnet"); der Angelsächsichen Chronik zufolge waren es 300, die „ein riesiges Piratenheer" an Bord hatten, das laut heutiger Schätzung wenigstens zwischen 9000 und 10.000, möglicherweise sogar 18.000 Mann stark war. Bei den Orkney-Inseln schloss Earl Tostig sich dieser Flotte mit 12 eigenen Schiffen an, die mit seinen persönlichen Gardetruppen und flämischen Piraten besetzt waren. Von da aus segelte das vereinte Heer den Humber hinunter bis zur Flussmündung, plünderte die Gegend aus und zog dann flussaufwärts nach Riccal, ungefähr zehn Meilen südlich von York, weiter. Hier gingen die Nordmänner von Bord, um sich der sächsischen Armee zu stellen, die unter der Führung von Graf Morkere von Northumbria und Graf Edwin von Mercia aus York anmarschiert kam.

„König Harald ging an Land und ließ seine Armee sich aufstellen", berichtet King Haralds Saga. „Eine Flanke reichte bis zum Fluss hinunter und die andere erstreckte sich durch das Inland, entlang eines Grabens, der tief und voller Morast und Wasser war. Die Grafen führten ihre Armee in einer geschlossenen Formation langsam den Fluss entlang. König Haralds Banner befand sich in der Nähe des Flusses, wo die meisten Reihen seiner Truppe standen, weniger befanden sich entlang des Grabens, wo man die Männer positioniert hatte, auf die am wenigsten Verlass war. Als die Grafen am Graben vorrückten, machten die Nordmänner ihnen den Weg frei und die Engländer folgten der Vorhut mit Morkeres Banner, da sie annahmen, dass die Nordmänner fliehen würden.

Als König Harald sah, dass die englischen Truppen den Graben hinunter vorrückten und sie sich ihm gegenüber befanden, gab er den Marschbefehl, um seine Männer vorwärts zu treiben. Sein Banner vor sich tragend startete er einen so heftigen Angriff, dass jeder vor ihm zur Seite wich. Es gab große Verluste unter den Männern der Grafen und schon bald traten sie die Flucht an, einige flussaufwärts, andere flussabwärts, doch die meisten flohen in den Sumpf, der schon bald so voller Leichen war, dass die Nordmänner sie verfolgen konnten, ohne nasse Füße zu bekommen."

So endete die Schlacht von Fulford, die am Mittwoch, den 20. September, stattgefunden hatte. Die längste Version der Angelsächsischen Chronik enthält nur eine kurze Anmerkung über dieses Gefecht, in der es heißt, dass die Armee der Grafen „ein großes Blutbad" unter den Wikingern angerichtet hat: „... eine große Anzahl von Engländern wurde entweder erschlagen oder sie ertranken und zerstreuten sich auf der Flucht, und die Nordmänner nahmen das Schlachtfeld in Besitz."

York zeigte gegenüber den Wikingern keinen weiteren Widerstand, begann aber Verhandlungen mit Harald, bei denen es sich einverstanden erklärte, ihn als König zu akzeptieren und die Gefangenen zu übergeben. Um die Gefangenen in Empfang nehmen zu können, ließ Harald sein

Der Borrestad-Gedenkstein in Yttergärde, Uppland, Schweden, mit Runeninschriften in Form der Midgard-Schlangen, die von drei Expeditionen nach England im frühen 11. Jahrhundert durch einen Mann namens Ulf berichten. In der Inschrift heißt es: „Karsi und Gerbjorn haben diesen Stein in Erinnerung and Ulf, ihren Vater, aufgestellt. Gott und Gottes Mutter mögen seiner Seele gnädig sein. Ulf erhielt dreimal Danegeld in England. Das erste Mal zahlte Tosti, dann Thorkel (der Große) und dann Cnut." Das Datum von Tostis Danegeld-Zahlung ist unbekannt, aber Thorkel und Cnut zahlten ihres 1012 beziehungsweise 1016. (Antikvarisk-Topografiska Arkivet, Stockholm)

Zwei von sieben aus dem 11. Jahrhundert stammenden Axtköpfen, die in der Themse, in der Nähe der Nordseite der Old London Bridge gefunden wurden. Diese stammen wahrscheinlich aus der Zeit von Olaf Tryggvassons Attacke auf die in dänischen Händen befindliche Brücke im Jahre 1014, zur Unterstützung von König Ethelred, wie es in St. Olaf's Saga festgehalten ist, als viele Dänen ertrunken und möglicherweise einige norwegische Schiffe gesunken sind. Olafs Schiffe „fuhren unter die Brücke, sie legten ihre Taue um die Stützpfeiler herum, und ruderten dann so stark wie sie nur konnten stromabwärts. Die Pfeiler sackten am unteren Ende weg, sodass die Brücke ohne Halt war ... und die Pfeiler darunter lösten sich oder zerbrachen, sodass die Brücke nachgab und viele Männer, die sich auf der Brücke befanden, in den Fluss fielen und alle weiteren flohen.“ Es war ein Gedicht, geschrieben von einem zeitgenössischen wikingischen Skalden (Sänger), im Gedenken an dieses Ereignis. (The Museum of London)

Lager am 24. September an der Stamford-Brücke, sieben Meilen östlich von York, aufschlagen, nachdem er ein Drittel seiner Flotte unter dem Kommando von Eystein Orri, „dem Nobelsten unter allen Lendermännern (gelandeten Männern, z. B. Adlige)“, in Ricall zurückgelassen hatte.

Dieser Rest der Armee war zu schlecht ausgerüstet für das, was folgen sollte. König Harald's Saga erklärt, warum: Da es heiß und sonnig war „ließen sie ihre Rüstungen zurück und gingen nur mit ihren Schilden, Helmen und Speeren bewaffnet und ihren Schwertern umgürtet an Land. Einige hatten auch Pfeil und Bogen dabei - und alle waren sehr sorglos.“ Deshalb muss es ein furchtbarer Schock gewesen sein, als sie am nächsten Tag keine sich nähernden Gefangenen sahen, sondern „eine große Armee, die auf sie zukam. Sie konnten eine von Pferdehufen aufgewirbelte Staubwolke sehen, und dahinter den Glanz der stattlichen Schilde und weißen Rüstungen.“ Dies war eine weitere sächsische Armee, nun von König Harold Godwinsson selbst angeführt, und in ihren Reihen befanden sich die berühmten englischen Huskarls, von denen laut Hardradas eigenen Hofmarschällen „jeder Einzelne besser als zwei der besten Männer aus König Haralds Armee“ war. In der Saga steht, dass Harald, einen letzten Versuch unternehmend, seinen umher ziehenden Bruder zu retten, während der Verhandlungen Tostig ein Drittel seines Königreiches anbot, wenn er sich ihm anschließen würde. Und es war Tostigs Rückfrage nach dem, was Hardrada als Ausgleich für seine Mühen erhalten würde, was die inzwischen berühmte Antwort zur Folge hatte: „Sieben Fuß englischer Erde oder soviel mehr, wie er größer ist als andere Männer.“

Snorri Sturlussons Beschreibung vom Ausbruch der Schlacht in König Harald`s Saga - die detaillierteste, die wir haben - lässt zahlreiche Dinge im Unklaren. Das liegt nicht zuletzt auch daran, dass er anscheinend einige Aspekte davon mit der Schlacht von Hastings verwechselt hat. Nichtsdestotrotz kann man wohl behaupten, dass, als die englische Armee auftauchte, die Norweger auf beide Seiten des Derwent-Flusses versprengt wurden, was den berühmten, in den Angelsächsischen Chroniken verzeichneten Vorfall erklären würde, in dem „ein Norweger sich tapfer den sich nähernden englischen Streitmächten entgegen stellte, sodass sie weder die Brücke überqueren noch den Sieg erringen konnten. Ein Engländer schoss mit einem Pfeil auf ihn - vergeblich; ein anderer begab sich unter die Brücke und erstach den Soldaten durch dessen Panzerhemd hindurch.“ Auf Grund dieser Verzögerung war es zahllosen Nordmännern möglich, sich an einem weiteren Wall im Kreis, mit aufgerichteten Speeren und „mit Schilden, die sich vorne und über ihnen überlappten“, aufzustellen, auf den nun die englische Armee prallte. Die Saga berichtet, dass Hardrada „in solch eine Kampfeswut verfiel, dass er an die Spitze seiner Männer eilte, zweihändig kämpfte und so weder Helme noch Harnische ihn aufhalten konnten und alle, die ihm in die Quere kamen, den Weg freigaben. Es sah so aus, als ob die Engländer an dieser Stelle die Flucht ergreifen würden ...

Doch dann wurde König Harald von einem Pfeil in den Hals getroffen und tödlich verletzt. Als er fiel, starben auch alle Männer, die mit ihm vorgeprescht waren - bis auf diejenigen, die mit dem Königsbanner zurückgeblieben waren.“ Dann übernahm Tostig das Kommando und als die letzten Überlebenden von Harold Godwinsson ein Gnadenangebot bekamen, so beantworteten sie das mit den Worten, dass sie lieber sterben würden. Was Tostig und die meisten der übrig gebliebenen Nordmänner auch taten.

„Zu diesem Zeitpunkt“, so fährt die Saga fort, „kam Eystein Orri mit all seinen Männern, die er hatte und die Rüstungen trugen, von den Schiffen an. Eystein nahm König Haralds Banner und der Kampf begann zum dritten Mal - noch wilder als zuvor. Zahlreiche Engländer fielen und waren wieder kurz davor, die Flucht zu ergreifen. Dieser Schlachtabschnitt wurde „Orris' Sturm“ genannt. Sobald sie die schlechten Nachrichten vom Kampf von einem reitenden Boten Hardradas gehört hatten, liefen Eystein und seine Männer den ganzen Weg von den Schiffen her, sodass sie völlig erschöpft und beinahe nicht in der Lage waren zu kämpfen, als sie den Schauplatz erreichten. Aber dann verfielen sie in solch einen blinden Kampfeseifer, dass sie sich keine Sorgen um ihren eigenen Schutz machten, solange sie nur immer noch stehen konnten. Nach einiger Zeit streiften sie sogar ihre Harnische ab, sodass die Engländer keine Probleme mehr hatten, einen Treffer zu landen. Aber manche fielen und starben aus lauter Erschöpfung, nicht weil sie schwer verletzt worden waren. Beinahe alle norwegischen Anführer kamen dort um.

„Dies geschah am späten Nachmittag. Wie zu erwarten war, reagierte nicht jeder auf dieselbe Art, einige flehten um Gnade und andere waren glücklich, auf die eine oder andere Art entkommen zu können. Dunkelheit brach herein, noch bevor das Gemetzel schließlich ein Ende hatte.“ Die Angelsächsischen Chroniken berichten, dass die Nordmänner auf dem ganzen Weg zurück zu ihren Schiffen in Ricall verfolgt wurden, und dass es nur wenige Überlebende gab. Diesen wurde gestattet, in nur 24 Schiffen davon zu segeln - die besten norwegischen Männer tot zurück lassend.

Obwohl gelegentliche Überfälle auf England bis zum Jahr 1151 verzeichnet sind und skandinavische Piraten von den Orkney-Inseln und den Western Isles sogar noch später aktiv waren, so wird doch klar, warum das Jahr 1066 in der Regel das Ende der Wikinger-Ära markiert, und wa-

CNUT

rum Harald Hardrada oft „der letzte Wikinger“ genannt wurde: Er war - nach fast 300 Jahren - der letzte große Wikinger einer ganzen, beinahe 300 Jahre dauernden Epoche.

WIKINGISCHE KRIEGSFÜHRUNG

Taktiken

Als die Wikinger untereinander kämpften, fanden die meisten ihrer Schlachten auf See statt - wie 872 im Hafrs Fjord, 1000 in Svöldr und 1062 in Nissa, um nur drei Beispiele zu nennen. Dennoch bemühten sie sich, dass ein Kampf auf See ähnlich ablief wie an Land. Deshalb stellten sie ihre Flotten in Reihen oder Keilformationen auf, die größten Schiffe waren auf einer oder beiden Seiten an den Schandeckeln zu einer großen schwimmenden Plattform zusammengebunden. Die größten und bestbesetzten Schiffe bildeten mit dem Kommandoschiff im Zentrum, das meistens das größte Schiff von allen war, in der Regel den Mittelteil dieser Formation. Außerdem waren große Matrosen an den Flanken der Formation positioniert. Die Bugseiten der längeren Schiffe ragten an vorderster Frontlinie hervor, und einige von ihnen, die „hardi“ genannt wurden, waren an Steven und Heck mit Eisenplatten beschlagen, damit sie der Angriffswucht standhalten konnten. Manche besaßen sogar eine Reihe von Eisenstacheln, die eine Art Bart (skegg) um den Bug herum bildeten, damit sie die Schiffe, die nahe genug heranschwammen, durchlöchern konnten.

Zusätzlich zu den schwimmenden Plattformen gab es in der Regel auch eine Anzahl von einzelnen Schiffen, die an den Flanken und an der Rückseite positioniert wurden. Ihre Aufgabe war es, die feindlichen Schiffe im Auge zu behalten, gegebenenfalls deren Plattform anzugreifen, wenn nötig als Verstärkung für die eigene Plattform zu dienen und die fliehenden Feinde zu verfolgen. Im Kampf wurden die Masten heruntergelassen, alles spielte sich um die Ruder ab, denn der Verlust der Schiffsruder nach einer Kollision mit einem anderen Schiff konnte zur Manövrierunfähigkeit führen. Nichtsdestotrotz wurde das klassische „diekplus“-Manöver, bei dem man die Ruder eines feindlichen Schiffes mit dem Bug des eigenen Schiffes abschnitt, nicht sehr oft vorgetragen, das galt ebenso für wildes, gegenseitiges Rammen.

Die üblichste Taktik sah einfach vor, auf das feindliche Schiff zuzurudern, es zu entern, an Bord zu gehen und mittels Handwaffen die Besatzung außer Gefecht zu setzen, bevor man zum nächsten Schiff überging. Manchmal versenkte man ein Schiff auch, wenn es z.B. den Flügel einer Plattform bildete. Die Plattform selbst wurde von so vielen Schiffen, wie längsseits daran landen konnten, angegriffen. Vor dem Entern erfolgte meist ein Pfeilhagel oder, aus kurzer Distanz, ein Regen von Wurfgeschossen aus Speeren und Steinen. Deshalb wurde jeder Ruderer oft auch von einem zweiten Mann geschützt, der diese Geschosse mit seinem Schild abzuwehren versuchte. Während eines letzten Angriffs, noch vor dem Entern, hielt man die Schilde über den Köpfen „so dicht zusammen, dass kein Körperteil der Schildträger ungedeckt war“. Einige Schiffe besaßen Extravorräte von Steinen und anderen Geschossen an Bord. Zahlreiche Quellen über Schiffsgefechte berichten hauptsächlich von Steinen, denn sie waren offensichtlich die bevorzugten Wurfgeschosse. Die größten ließ man von besonders hochbordigen Booten auf (und durch) die Decks feindlicher Schiffe hindurch fallen, die sich seitlich aufgestellt hatten.

Während ihrer Raubzüge landeten die Wikinger mit ihren Schiffen am liebsten an kleinen Inseln oder Flussinselchen oder in einer Flussbiegung. Sie türmten einen Festungswall auf und errichteten eine Palisade an jeder Seite, die vom Land aus erreichbar war. So entstand dann ein befestigtes Lager, bei dem man in der Regel eine Garnison stationierte, seitdem die Wikinger sich auch um den Schutz ihrer Kommunikationslinien kümmerten. Als sie dies noch nicht taten, gab es häufig verheerende Niederlagen und große Verluste. Diese Lager wurden oft auch als Zufluchtsstätten benutzt, wenn sie einer übermächtigen Streitmacht gegenüber standen. Nur selten wurden diese Lager erfolgreich angegriffen, denn die Belagerer tendierten oft dazu, sich bereits nach kurzen Phasen der Inaktivität zu zerstreuen.

Auf dem Land bildeten die Wikinger am liebsten eine Schlachtformation aus Schildwällen - widerstandsfähige Phalanxen aus vielen Reihen (fünf oder mehr), wo ganz vorne die Männer mit den besten Rüstungen und Waffen standen. Je nach Situation formten sie zwei oder mehr solcher Schildwälle, wie es 871 bei den Schlachten von Ashdown und Meretun und 918 in Corbridge (wo eine der vier Divisionen, die sie gebildet hatten, als versteckte Reserve gehalten wurde) der Fall war. Es gibt einige Diskussionen darüber, wie dicht die Männer in solchen Formation wirklich zusammengestanden haben. Im heutigen Schrifttum geht man implizit davon aus, dass der Mann-gegen-Mann-Kampf ein erhebliches Maß an körperlicher Bewegung mit sich brachte. Aber je nach dem, wie sehr man sich drehte, aus- oder zurückwich, umso schwieriger war es, die Schilder nach wie vor überlappend zu halten.

König Cnut und seine Frau Ymma Aelgyfu übergeben dem neuen Münster von Winchester ein goldenes Kreuz. Vom Frontispiz des „Liber Vitae“ (Register of New Minster and Hyde Abbey), um 1020-1030.(The Trustees of the British Museum)

So fand man z.B. in einem Gebirgskamm in Gosforth, Cumbria, einen aus dem 10. Jahrhundert stammenden Grabstein mit einem Relief von einem Schildwall, in dem die Schilde sich ungefähr zur Hälfte ihrer Breite überlappten (sodass sich an der Vorderfront 18 Männer befunden haben müssen). Und auf dem aus dem 9. Jahrhundert stammenden Oseberg-Teppich, auf dem ein ähnlicher Schildwall zu sehen ist, überlappen sich die Schilder ebenfalls zum Teil. Auch Snorri Sturlusson erzählt uns in König Harald's Saga in seiner Beschreibung der Schlacht von Stamford Bridge, dass die Nordmänner ihre Schilder so hielten, dass sie sich „vor und über den Männern überlappten". Interessanterweise haben Mitglieder einer heutigen Geschichtsvereinigung, die Norse Film und Pageant Society, die Beobachtung gemacht, dass im Nahkampf vielmehr ein zusätzlicher Freiraum für die Ellenbogen als ein Stillstehen in einer Formation von Nöten ist, um Axt oder Schwert gut schwingen und in die feindliche Formation vorzustoßen zu können. Das würde die Theorie stützen, dass die Schilde vermutlich nur am Anfang ineinander griffen, sich der Schildwall dann aber automatisch lockerte.

Die Hauptvariante dieser einfachen, wikingischen Schlachtformation nannte sich „svynfylkin" oder „Schweine-Anordnung", eine Keilformation, die von Odin selbst eingeführt wurde, was ihr hohes Alter belegt. Im Flateyjarbok beschreibt man sie wie folgt: zwei Männer in der ersten Reihe, drei in der zweiten und fünf in der dritten. Eine Formation, die entweder abseits der Basis allein oder mit mehreren anderen Gruppen ins Feld zog und einem Zick-Zack ähnelte. Wenn man Snorri glauben darf, dann konnte die Formation auch kreisförmig auftreten, so wie er Harald Hardradas Armee an der Stamford-Brücke beschrieben hat: die Männer standen „in einer langen und ziemlich schmalen Reihe, in einer Formation, deren Flügel soweit zurück gebogen waren, dass sie sich am Ende wieder trafen und so einen großen, weitläufigen Kreis bildeten." Snorri erwähnt auch, dass bei diesem Beispiel die Bogenschützen im geöffneten Zentrum des kreisförmigen Schildwalls zurückblieben. Normalerweise stellten sie sich hinter den Männern mit den Wurfgeschossen (Speere, Steine etc.) auf und schossen über sie hinweg. Kommandeure wurden durch einen separaten Schildwall von Leibwächtern geschützt, die die Geschosse abwehren mussten.

Die Wikinger fühlten sich normalerweise nicht wohl bei dem Gedanken, gegen Kavallerie antreten zu müssen, auch wenn dies ihre Reihen nicht unbedingt in Unordnung brachte und sie sogar in der Lage waren, sich nach einem Angriff wieder zu sammeln und das Gefecht zu gewinnen. Bei der Schlacht von Saucourt 881, bei der sie 8000 bis 9000 Mann verloren haben sollen, erlebten sie ihre erste entscheidende Niederlage durch die fränkische Kavallerie (die bis dato die beste Kavallerie in Westeuropa war) - und selbst hier handelte es sich nur um einen knappen Sieg der Feinde. Als es so aussah, dass ihre erste Attacke erfolgreich gewesen zu sein schien, begingen die Franken den taktischen Fehler, ihre Reihen zu öffnen, um sich aufzulösen, sodass der folgende Gegenschlag der Wikinger sie beinahe Kopf und Kragen gekostet hätte. Ein zweiter Angriff der Franken zwang die Wikinger sich zurückzuziehen. Wieder einmal befanden sie sich trotz ihrer unglaublich hohen Verluste noch in guter Verfassung. Auch im Osten wurde ihnen nachgesagt, gegenüber der Kavallerie im Nachteil zu sein, wie auch 972 im Gefecht mit den Byzantinern in der Nähe von Silistria. Ein seltener Fall des Aufeinandertreffens von Wikingern und feudaler Kavallerie ist in Heimskringla verzeichnet, als im Jahre 1151 im Norden Englands eine Gruppe wikingischer Räuber mittels ihrer Bogenschützen gut ausgerüstete Ritter samt unterstützender Infanterie besiegte.

Trotz der Tatsache, dass sie hauptsächlich zu Fuß kämpften, führten die Wikinger gelegentlich auch Kavallerie ins Feld, wie z.B. 968 während der Schlacht von Sulcoit in Irland und 888 in der Schlacht von Montfaucon in Frankreich, in der laut des Chronisten Abbo von Fleury ein großer Teil der Kavallerie präsent war und separat von der Infanterie kämpfte. Eigentlich benutzten sie die Pferde nur, um während ihrer Raubzüge schneller voranzukommen. Wie in den Angelsächsischen Chroniken unter den Jahren 999 und 1010 zu lesen ist, trieben sie entweder Pferde für diesen Zweck in der Nähe ihrer Lager zusammen, oder übernahmen sie nach einem Kampf von ihren besiegten Feinden. So besteht kein Zweifel daran, dass sie 885 und 892 die von Frankreich nach England mitgebrachten Pferde von besiegten fränkischen Armeen übernommen hatten.

Ein letztes wichtiges Merkmal skandinavischer Kriegsführung, das es in der Wikinger-Ära gab, war das „Haselnuss-Feld". Hierbei handelte es sich um ein speziell ausgesuchtes Schlachtfeld, das an allen Seiten von Haselnuss-Zweigen begrenzt war, wo ein Kampf zu einer im Voraus verabredeten Zeit samt Datum in gegenseitigem Einverständnis der Protagonisten ausgetragen wurde. Wer einmal herausgefordert wurde, in einem Haselnuss-Feld zu kämpfen, der konnte es nicht ablehnen, ohne sein Gesicht und seine Ehre zu verlieren. Außerdem war es unehrenhaft, das Territorium des Gegners zu verwüsten, bevor der Kampf ausgetragen war. Den Engländern war diese leicht archaische Tradition bekannt, seitdem sie laut Egil's Saga der Schlacht von Vinheidr zugestimmt hatten, die als die Schlacht von Brunanburh (937) identifiziert wurde und in solch einem Haselnuss-Feld stattgefunden hatte. Das Schlachtfeld wurde von König Athelstan vorbereitet, um die Wikinger und ihre ausgewählten walisischen und

Wikinger-Soldaten, 9. bis 10. Jh.; weitere Kommentare zu dieser und den folgenden Farbtafeln finden Sie am Ende des Buches.

A

B

1 2 3

Wikinger-Soldaten, 9. bis 10. Jahrhundert

C

Wikinger-Frauen, 9. bis 10. Jahrhundert 1 2 3

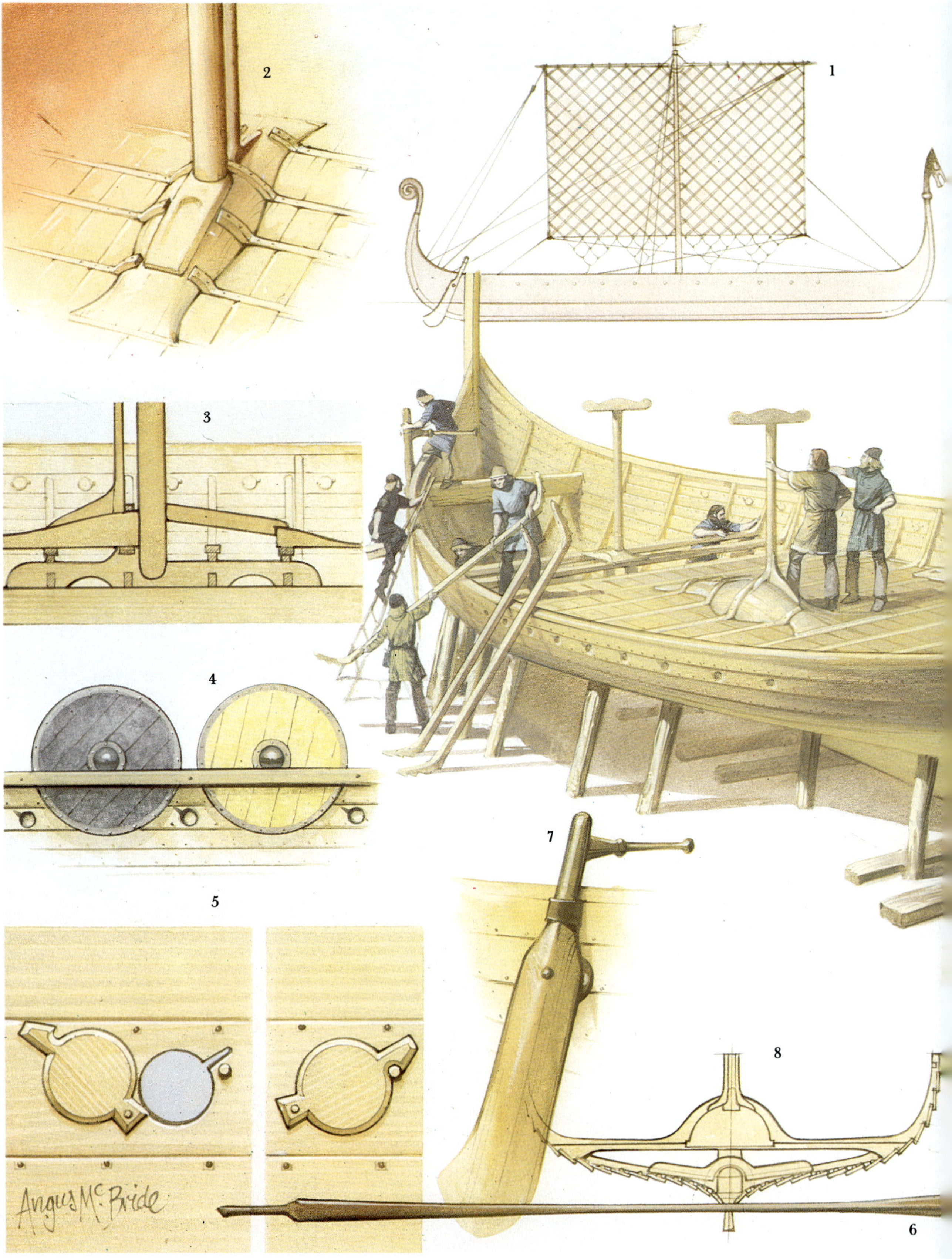

D

Wikingischer Schiffsbau

E

Eine Seeschlacht, die auf „König Olaf Tryggvasson's Saga" basi

Ein Raubzug an der Küste

Die Wikinger im Osten, 10. bis 11. Jahrhundert

G

H

Kampf zwischen Wikingern und „Skrälingern", 11. Jahrhundert

Wikinger-Krieger, 12. Jahrhundert

schottischen Verbündeten von Plünderungen abzuhalten, bis Athelstan in der Lage war, eine Armee zusammenzustellen, die groß genug war, um sie zu besiegen. Der letzte Hinweis auf solch einen Kampfplatz, der mir bekannt ist, findet sich 978, als Graf Hakon Sigurdsson von Norwegen König Ragnfrid (einer von Erik Blutaxts Söhnen) in einem Feld, das mit „hoslur" markiert war, besiegt hat.

Die Joms-Wikinger

Eine Nebenerscheinung des Wikinger-Zeitalters war die Etablierung unabhängiger Militärbruderschaften oder Gilden, die als Wikinger-Einheiten oder „Vikinge-lag" bekannt waren, die aus Kriegern bzw. „freien Kompanien" von Söldnern bestanden und nach ihrem eigenen, strengen Verhaltenskodex lebten. Sie waren nicht darauf aus, für sich selbst Land zu erobern, sondern boten jeden Sommer Königen und Prinzen ihre Dienste gegen Geld an.

Die berühmteste (und umstrittenste) solche Bruderschaft war die der Jomsvikingelag oder Joms-Wikinger, die, obwohl sie in keiner noch heute existierenden zeitgenössischen Quelle vorkommen, später Gegenstand einer eigenen isländischen Saga waren.

Späteren dänischen Quellen zufolge wurde die Bruderschaft der Joms-Wikinger im späten 10. Jahrhundert (wahrscheinlich in den 980ern) durch König Harald Blauzahn von Dänemark in Wendland gegründet, nachdem er aus seinem eigenen Königreich von seinem Sohn Swein verbannt wurde. Die Festung von Jomsburg, die er vermutlich erbaut hat, befand sich vermutlich in oder in der Nähe von Wollin, an der Mündung der Oder. Sie besaß einen künstlichen Hafen; die Einfahrt wurde von einem Turm, der sich über einem Steinbogen mit Eisentoren befand, bewacht. In den ältesten, heute noch erhaltenen Dokumenten steht, dass der Hafen in der Lage war, drei Schiffe aufzunehmen. In späteren Aufzeichnungen war von 300 bis 360 Schiffen die Rede. Eine Version berichtet, dass Harald den Wendländern die Piraterie beigebracht hätte und die Jomsburger selbst wurden wahrscheinlich in die wendländische Garnison, die unter dänischem Kommando stand, mit aufgenommen. Denn in der Schlacht von Svöldr war eines der elf anwesenden Joms-Wikinger-Schiffe mit Männern aus dem Wendland besetzt. Die Jomsviking Saga wiederum behauptet, dass Jomsburg eine reine Wikinger-Festung gewesen sei, die von Swein Forkbeards Stiefvater, Pálnatóki, gegründet wurde. Wie dem auch sei, die meisten Quellen scheinen sich zumindest darüber einig zu sein, dass der Anführer der Joms-Wikinger in ihrer Blütezeit Ende des 10. Jahrhunderts Graf Sigvald war, der Sohn eines kleinen Königs namens Strut-Harald, der über Scania in Schweden (zu dieser Zeit noch ein Teil Dänemarks) herrschte.

Wenn man der Saga glauben schenken darf, dann waren die Regeln, nach denen die Joms-Wikinger lebten, sehr streng. So war die Mitgliedschaft in ihrer Bruderschaft nur besonders starken Männer zwischen 18 und 50 Jahren vorbehalten, die verpflichtet waren, friedlich zusammenzuleben und „sich gegenseitig zu achten". Sie durften kein Anzeichen von Angst zeigen, „wie hoffnungslos die Lage auch aussehen mochte". Die Flucht vor einem gleich starken Gegner zu ergreifen, war verboten. Ihr Kommandeur entschied über Blutfehden, und von jedem Joms-Wikinger wurde erwartet, dass er sich für seinen Waffenkameraden rächen würde, als ob es sich dabei um seinen leiblichen Bruder handelte. Die gesamte Beute wurde zu gleichen Anteilen unter allen Gilde-Mitgliedern aufgeteilt. Niemand durfte ohne Erlaubnis länger als drei Tage abwesend sein. Der Besuch von Frauen musste eigens gestattet werden, und weder Frauen noch Kinder wurden gefangen genommen. Jeder, der eine dieser Regeln verletzte, wurde sofort aus der Bruderschaft ausgeschlossen.

Zeichnung aus dem 14. Jahrhundert, die den Tod von König Olaf Haraldsson (St. Olaf) in der Schlacht von Stiklestad 1030 zeigt. St.Olaf's Saga beschreibt das Ereignis wie folgt: „Thorstein Karesmed schlug mit einer Axt nach König Olaf und traf dessen linkes Bein über dem Knie ... Dann stieß Thor mit seinem Speer nach Olaf, der unter dem Kettenhemd in seinem Bauch landete. Dann traf Kalf ihn an der linken Seite des Halses ... Diese drei Wunden führten zum Tode König Olafs und nach seinem Tod fielen große Teile der Truppen, die mit vorgerückt waren, ebenfalls."

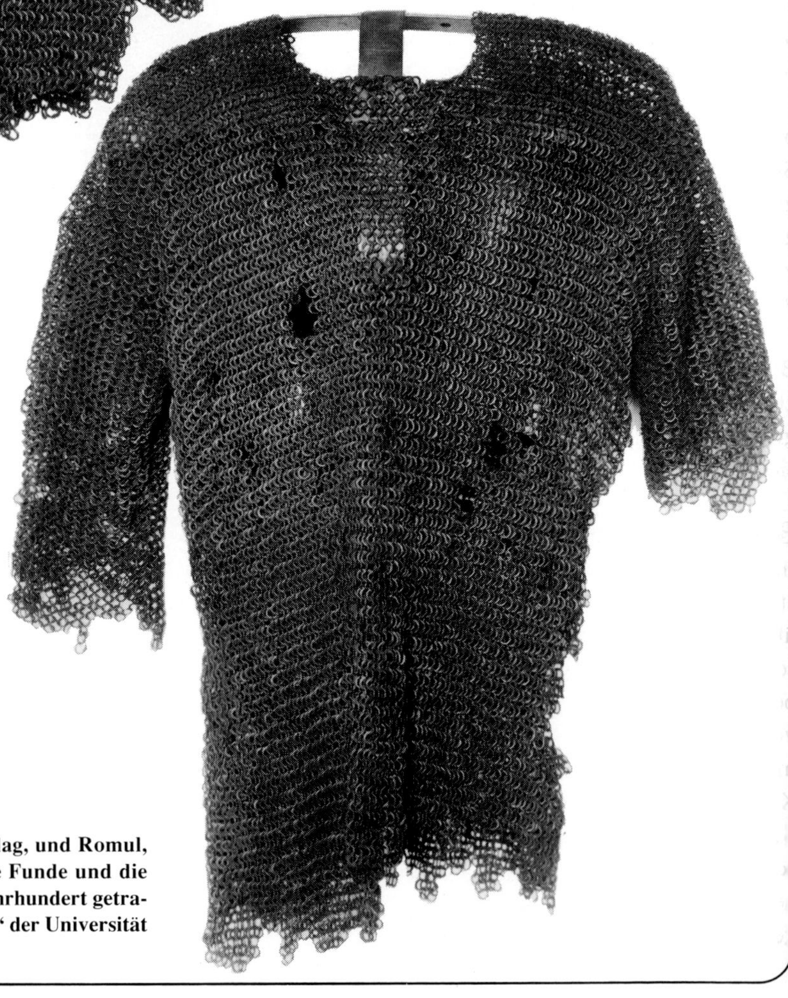

Harnische aus Caerdalen, nördliches Tröndelag, und Romul, Melhus, südliches Tröndelag. Archäologische Funde und die Saga beweisen, dass diese, die vom 8. bis 11. Jahrhundert getragen wurden, identisch waren („Oldsaksamling“ der Universität Oslo).

„Jeden Sommer zogen sie in verschiedene Länder, um Krieg zu führen, erwarben bedeutenden Ruhm und wurden wie die größten Krieger aller Zeiten angesehen. Zu dieser Zeit glaubte man, dass ihnen kaum jemand ebenbürtig sei." Das berichtet die Jomsviking Saga, und King Olaf Tryggvasson's Saga hält fest, dass man damals „großes Ansehen genoss, wenn man Jomsburg-Wikinger in seiner Armee hatte." Die Wahrheit sah allerdings ganz anders aus, denn alle drei Hauptschlachten, an denen sich - wie Quellen belegen - die Bruderschaft beteiligt hatte, endeten für ihre Auftraggeber in einem Desaster: Styrbjorn Starki, der um den Thron von Schweden kämpfte, wurde von seinem Onkel, Erik dem Siegreichen, in Fyrisvold, in der Nähe von Uppsala geschlagen; Swein Forkbeards Attacke auf Graf Hakon von Norwegen wurde bei Hjörungavag 990 vernichtend abgeschmettert; und König Olaf Tryggvasson von Norwegen wurde im Jahre 1000 in Svöldr durch die Schweden und Dänen besiegt und getötet. Alle drei Niederlagen gehen vermutlich auf die gleiche Ursache zurück - Sigvald hatte die Eigenart, sich außerordentlich schnell vom Kampfgeschehen zurückzuziehen, sobald die Aussichten auf einen Sieg schlechter wurden. Vermutlich wird er deshalb in King Olaf Tryggvasson's Saga als „besonnener und kluger Mann" bezeichnet.

König Magnus der Gute von Norwegen zerstörte Jomsburg im Jahre 1043. Er „tötete viele Leute, brannte die Stadt und alles in ihrer Umgebung nieder und richtete eine große Verwüstung an." Doch der Kern der Joms-Wikinger-Gilde schien sich schon viel früher aufgelöst zu haben, vermutlich war dies bereits vor 1010, nach dem Tod Sigvalds, der Fall.

Einige der letzten Joms-Wikinger sollen Graf Sigvalds Brüder Heming und Thorkel den Großen von England 1009 begleitet haben, wo sie zum Kern König Cnuts „Tinglíht", der „königlichen Leibwache" wurden, aus denen sich später die gefeierten Huskarls entwickeln sollten.

Berserker und Wolfspelze

In der heidnischen Ära, bevor Skandinavien zum Christentum konvertierte, glaubte man, dass die „berserkir" übernatürliche Kräfte besäßen, die sie von dem wikingischen Hauptgott Odin erhalten hatten. Die Ynglinga Saga berichtet, wie die Berserker in der Schlacht „ohne Rüstung voraneilten, sich wie verrückte Hunde und Wölfe benahmen, in ihre Schilde bissen, so stark wie Bären oder wilde Keiler waren und Menschen nur mit einem einzigen Schlag töteten, während ihnen weder Feuer noch Eisen schaden konnte. Das nannte man die Berserkerwut." Auch heute noch nennen wir jemanden, der in unglaubliche Rage gerät, einen „Berserker".

In Wirklichkeit war diese so genannte Berserkerwut vermutlich eine Form von Paranoia und in manchen Fällen wurde die Berserkerwut auch nach epileptischen Anfällen diagnostiziert. Was auch immer es ist, es handelte sich bei der Berserkerwut doch eher um einen vererbten Zustand, als um etwas, das man erlernte. Eine Quelle berichtet, dass ein Mann 12 Söhne hatte, und diese alle Berserker waren: „Es war ihr Brauch, dass, wenn sie unter sich waren und sie die Berserkerwut in sich aufkommen spürten, sie an Land gingen und mit großen Steinen und Bäumen kämpften, denn sonst hätten sie in ihrer Wut womöglich ihre Freunde erschlagen."

Beweise für diesen Volksglauben findet man in der Volsunga Saga, wo erzählt wird, dass Sigmund und sein Sohn Sinfjotli Wolfspelze trugen, die Wolfssprache benutzten und bei einem Angriff wie Wölfe heulten. Und in der Legende von Hrolf Kraki heißt es, dass dessen „Meister"-Berserker, Bothvar Bjarki, wie ein riesiger Bär gekämpft haben soll. Wölfe und Bären sind die Tiere, die man am häufigsten mit Berserkern in Zusammenhang bringt, die auch „ulfhednar" (mit „Wolfspelze" oder „Wolfshaut" Bekleidete) genannt wurden. Dies würde auch keinen Zweifel mehr daran lassen, dass „berserkir" ursprünglich jemanden bezeichnete, der ein Hemd getragen hat („bearshirt" und nicht „bare-shirt", wie oft angenommen wurde).

Hfrafnsmal beschreibt die Berserker als Männer von großem Wert, da sie in einer Schlacht nie vor etwas zurückschreckten. Deshalb, und auf Grund der außergewöhnlichen Kräfte, die Odin ihnen verliehen hatte, befanden sie sich auch in der Leibwache vieler heidnischer Wikinger-Könige. Auf dem Land kämpften sie an vorderster Front, auf See befanden sie sich auf dem Vordeck des königlichen Schiffes. Harald Fairhair's Saga berichtet, dass „die Männer auf dem Vorderdeck vorher genau ausgewählt wurden und das Königsbanner trugen. Die Männer, die sich auf dem Steven bis zum Mittelteil befanden, nannte man „rausn" - und genau dort fand man auch die Berserker. Nur solche Männer, die stark, mutig und äußerst geschick waren, wurden in König Haralds Leibgarde aufgenommen, und nur sie allein erhielten einen Platz auf seinem Schiff." Vermutlich handelte es sich bei den Männern, die Snorri Sturlusson 1000 in der Schlacht von Svöldr beschrieben hatte, auch um Berserker. Hier hatten einige von König Olafs Männer wohl vergessen, dass sie auf See und nicht auf Land gekämpft haben, da sie „wie verrückt auf den Feind zu eilten, sodass sie über Bord fielen und ertranken."

Später, im christlichen Island, wurde die Berserkerwut verachtet und die Berserker als gottlose Feinde angesehen, die in den Sagas als ungehobelte Schläger beschrieben wurden, die von echten Helden niedergestreckt wurden. Es ist möglich, dass diese Sichtweise später auch vom christianisierten Skandinavien angenommen wurde.

Die Raben-Fahne

Schon von Anfang an trugen die Wikinger ihre Kriegsflaggen (gunnefanes) mit sich, auf denen Zeichnungen von geflügelten Monstern oder Bestien mit Reißzähnen zu sehen waren - so nimmt man zumindest auf Grund der Beschreibung ihrer Fahnen als „signia horribilia" in den Fuldaer Annalen an; und wir wissen auch, dass sogar der christliche König Olaf Tryggvasson eine weiße Flagge mit einer Schlange darauf besaß. Doch die am häufigsten verbreiteten Wikinger-Fahnen trugen Abbildungen von Raben. Cnut z.B. führte in der Schlacht von Ashingdon 1016 eine mit einem Raben bestickte, weiße Seidenflagge mit sich, und die Angelsächsischen Chroniken bezeichnen die eingenommene, fremde Flagge schon seit 878 als „Reafan" („Rabe"). Laut den Annalen von St. Nots gab es folgende Regel: Wenn die „Reafan" im Wind flatterte, dann bedeutete es, dass die Wikinger gesiegt hatten, aber wenn sie schlaff herunter hing, dann hieß es Niederlage.

Ähnliche magische Eigenschaften wurden der Raben-Fahne von Graf Sigurd von Orkney nachgesagt. Seine Mutter, die, wie es heißt, eine Zauberin war, hat sie für ihn angefertigt. Besagte Fahne war „mit großer Raffinesse in der Form eines Raben angefertigt worden, denn wenn das Banner im Wind wehte, sah es so aus, als ob der Rabe seine Flügel ausstreckte." Laut der Orkneyinga Saga übergab Sigurds Mutter ihrem Sohn die Fahne mit der Warnung, dass sie „dem Mann, für den sie getragen wird, den Sieg, aber dem Träger selbst den Tod bringen wird." Und so kam es auch: Bei der ersten Auseinandersetzung, zu der die Fahne mitgenommen wurde, starb Sigurds Fahnenträger, sobald die Schlacht ausgebrochen war: „Der Graf befahl einem anderen Mann, das Banner aufzuheben und es dauerte nicht lang, bis auch er getötet wurde. Der Graf verlor drei Fahnenträger, doch die Schlacht entschied er für sich."

Einige Jahre später nahm Sigurd die Fahne mit zur Schlacht von Clontarf. Njals Saga beschreibt, wie Kerthjalfad, ein Stiefsohn des irischen Hochkönigs Brian Boru, „durch Graf Sigurds Reihen brach und geradewegs auf den Fahnenträger zu preschte und ihn tötete. Der Graf forderte jemand anderen auf, die Fahne zu tragen, und die Schlacht loderte von neuem auf. Kerthjalfad tötete sofort den neuen Fahnenträger und all die, die in seiner Nähe standen. Nun befahl Graf Sigurd Thorstein Hallson, die Fahne zu nehmen und als dieser gerade im Begriff war, sie aufzuheben, sagte Amundi der Weiße: ‚Nimm nicht das Banner, Thorstein. Alle die, die es getragen haben, wurden getötet.' ‚Hrafn der Rote', sagte der Graf daraufhin, ‚dann nimm du die Fahne.' Woraufhin Hrafn erwiderte: ‚Trage deinen eigenen Teufel selbst.' Und der Graf antwortete: ‚Ein Bettler sollte sein eigenes Bündel tragen', und er nahm die Fahne vom Stab und steckte sie unter seine Kleidung. Etwas später wurde Amundi der Weiße getötet und dann der Graf selbst, mit einem Speer, der ihn durchbohrt hatte."

Ein aus Elch-Geweih geschnitzter Kopf aus dem 11. Jahrhundert, der einen verzierten, konischen Helm mit Nasenschutz trägt. Gefunden in Sigtuna, Uppland, Schweden. (Antikvarisk-Topografiska Arkivet, Stockholm)

Sächsische Huskarls auf dem Teppich von Bayeux. Sie bildeten den Kern der spätsächsischen Armee. Zur Entstehung der Huskarls in England kam es durch Swein Forbeard oder seinen Sohn Cnut, da sie ursprünglich als eine Art königliche Garde eingesetzt wurden. Zunächst waren es nur zwischen 3000 und 6000 Mann (wahrscheinlicher ist die erste Zahl), die sich ständig in der Nähe des Königs befanden. 1066 allerdings bekamen einige von ihnen Land geschenkt, sodass sie siedeln konnten, während andere in die Leibgardetruppen für strategisch wichtige Aufgaben aufgenommen wurden.

So wie Sigurds Raben-Fahne von seiner Mutter gewebt war, so wurde die „Reafan"-Fahne, die 878 von den Sachsen in Besitz genommen wurde, für den dänischen Kommandeur, einen Sohn von Ragnar Lodbrok (wahrscheinlich Ubbi), von seiner eigenen Schwester angefertigt. Da diese Fahne ebenfalls Sieg bringende Kräfte verhieß, nahm man an, dass die Weberin eine Hexe gewesen sein muss. Tatsächlich ist die Fähigkeit der Raben-Fahnen, Siege zu schenken, tief in der heidnisch-schwedischen Religion verwurzelt. Denn der Rabe war der Vogel des Kriegsgottes Odin, den man für das Schlachtgemetzel in der ganzen germanischen Welt verantwortlich machte. Daher ist es nur verständlich, dass auch Harald Hardradas Flagge Landeythan einen ähnlichen Raben trug, da es „schon immer hieß, dass dies dem Mann, für den diese Fahne getragen wird, den Sieg bringen wird - und das blieb auch so, solange er sie besaß.“ Sogar noch als König Sverri von Norwegen (1184-1202) regierte, liest man in Sverri's Saga: „Lasst uns die Fahne vor dem König hochziehen ... und lasst uns zu den Klauen des Raben ein Opfer darlegen.“

DIE FARBTAFELN

A & B: Wikinger-Krieger, 9. - 10. Jahrhundert

Die Grunduniform der Wikinger bestand aus einer langärmeligen Tunika aus Wolle oder Leinen, die bis zu den Schenkeln reichte oder zuweilen auch bis ans Knie (darunter trug man ein feines Woll- oder Leinenhemd) und aus ganz unterschiedlich aussehenden Hosen: eng anliegende, wie Skihosen (A3) aussehende, gerade geschnittene (A1) oder extrem weite (sackartige), die unter dem Knie zusammengeschnürt wurden (B1). Einige waren nur knielang mit separaten Gamaschen und oft mit Strumpfhaltern, die vom Knöchel bis zum Knie reichten. Häufig trug man auch Strümpfe mit Fell- oder Ledersohlen. Schuhe bestanden meist aus weichem Leder und besaßen manchmal Holzsohlen. Winterschuhe waren zum Warmhalten mit Fell ausgestattet. Außerdem gab es noch raue Kuhhaut- oder Robbenhaut-Schuhe. Eine kurze Jacke oder ein längerer Umhang - die die Grundausstattung der Wikinger komplettieren - wurden an der rechten Schulter oder manchmal auch an der Hüfte befestigt (A4). Dieser Umhang scheint aus feiner Wolle und Pelzfutter gewesen zu sein, wohingegen die aus Wolle gemachten und „roggvarfeldr“ genannten wie zotteliges Fell aussehen, da Büschel ungesponnener Wolle mit in das Gewebe eingearbeitet wurden. Diese Art von Mantel wurde in Island und Irland unter König Harald Greycoat („grauer Mantel“) modern (was sein Name ja deutlich macht).

Beliebte Kleiderfarben waren Rot, Scharlachrot, Rot-Braun, Braun, Blau, Grün, Weiß, Schwarz und Grau, von denen Rot, Grün und Blau die begehrtesten waren. Hosen konnten gestreift sein - ein Krieger in Njals' Saga trägt blau-gestreifte Hosen - und es gibt Berichte, wonach Woll-Gamaschen Braun oder jede andere Farbe, bis auf Scharlachrot, annehmen sollten. Tunikas besaßen oft zusätzlich aus bunter Seide und metallfarbenen Fäden gewebte Säume und Streifen, die ein Muster bildeten. Ähnlich gewebte Stirnbänder wurden ebenfalls getragen (B3).

Wikinger-Männer waren sehr auf ihr Äußeres bedacht, badeten und wechselten ihre Kleidung regelmäßig. Sie hatten fast immer einen Bart (der als Zeichen für Männlichkeit galt), einige trugen ihn gespalten (A3), andere geflochten (A1, B1). Das Haar wurde ähnlich geflochten (B3) und reichte mindestens über den Nacken, doch es konnte noch wesentlich länger sein - das Haar von Brodir of Man soll angeblich so lang gewesen sein, dass er es bei einer Schlacht in den Gürtel stecken konnte. Die Haarfarben reichten von blond über rot bis hin zu schwarz, wobei dunkleres Haar bei den Dänen öfter vorkam.

Die Grundbewaffnung bestand aus Schwert oder Axt, Speer und Schild, wobei viele Männer auch ein kurzes Messer am Gürtel trugen. Von diesen Waffen war das Schwert das beliebteste und wurde mit großer Verehrung behandelt, besonders dann, wenn es sich um ein altes Exemplar handelte, das von Generation zu Generation weitergereicht wurde oder aus Grabplünderungen stammte. Etwas Mystisches haftete an solchen Waffen, die oft spezielle Namen wie Brynjubitr („Stahl-Schneider“), Langhvass („lang und scharf“) und Gullinhjalti („goldener Griff“) bekamen. Die allerbesten Schwerter importierte man aus den fränkischen Königreichen, auch wenn wikingische Handwerker sie mit verzierten Griffen aus Metall, Knochen, Horn oder Walross-Zähnen ausstatteten. Diese waren oft mit Gold, Kupfer oder Silber versehen. Die Griffe einfacher Schwerter bestanden aus glattem Holz, das mit Leder geschützt wurde. Schwertklingen, die in der Regel nach einem bestimmten Muster gefertigt waren, besaßen eine tiefe Furche auf jeder Seite, um das Gewicht zu

reduzieren. Das einschneidige Schwert oder „sax" blieb auch zu Beginn der Wikinger-Ära im Dienst, besondern in Norwegen. Schwertscheiden waren aus Holz mit einem Schutz aus Leder, Bronze und einem Rost abweisenden Belag wie geöltem Leder, eingewachstem Tuch oder Schafshaut mit Wolle daran. Man trug die Schwerter entweder am Gürtel oder an einem Extra-Trageriemen, der, ähnlich wie der Gürtel selbst, festgeschnallt und oft mit Bronze- oder Silberschnallen versehen war.

Noch vor der Wikinger-Ära wurde die Axt praktisch fast überall in Europa voll und ganz als Kriegswerkzeug verbannt. Ihre Wiedereinführung erlebte sie vor allem in England und Irland im 9. bis 11. Jahrhundert, was allein auf die Wikinger zurückzuführen ist, unter denen die Beliebtheit der Axt nie nachgelassen hatte. Es gab drei grundsätzliche Typen von Äxten, die man in dieser Zeitperiode benutzte. Dazu zählten die „skeggox" oder „Bartaxt" (die im 8. Jahrhundert benutzt wurde), der unbestimmbare Typ, den man einfach nur „Handaxt" nannte, und die „breidox" oder „Breitaxt" (B2). Zuletzt genannte Axtart mit ihrer bezeichnenden halbmondförmigen Klinge tauchte zum ersten Mal am Ende des 10. Jahrhunderts auf und wurde besonders bekannt durch die anglo-dänischen Huskarls bei der Schlacht von Hastings im Jahre 1066. Die Klinge solch einer Axt, die in der Regel eine scharfe Kante aus speziell gehärtetem Eisen besaß, war dem Chronisten Wace zufolge gute 30 cm lang, wobei Laxdaela Saga von einer berichtet, die knappe 46 cm entlang ihrer gebogenen Klinge gemessen haben soll. Wie dem Schwert, so wurden auch der Axt oft Namen gegeben, auch wenn diese weniger ehrfurchtsvoll klangen. Snorri Sturlusson schrieb, dass „Männer den Äxten Namen von Trollen gaben." Die Axt von St. Olaf hieß „Hel", nach einer Wikinger-Göttin des Todes.

Die dritte der Wikinger-Hauptwaffen war der Speer aus Eschenholz (spjot), von dem verschiedene Arten zum Werfen oder Stoßen existierten. Der Wurfspeer besaß eine schmale Klinge und einen dünnen Schaft, während der Stoßspeer aus einer breiten, blattförmigen Klinge und einem dickeren, eisengegossenen Schaft bestand. Die Klingen beider Typen waren geriffelt und oft verziert. Einige der Speere besaßen kurze Seitenklappen, die man für gewöhnlich als „Flügel" bezeichnete. Geschicklichkeit beim Speerwurf wurde sehr bewundert, und Olaf Tryggvasson war berühmt für seine Fähigkeit, zwei Speere, in jeder Hand einen, gleichzeitig zu werfen.

Eine Auswahl der berühmten, aus dem 12. Jahrhundert stammenden skandinavischen oder hebridischen Schachfiguren, die in Uig auf der Insel Lewis gefunden wurden. Drei von ihnen beißen in den Rand ihrer Schilde, sodass sie wahrscheinlich Berserker darstellen sollen. Die Figur ganz rechts außen trägt einen „vida stalhufa" oder „breiten Stahlhut", ein frühes Beispiel eines Kesselhelmes. (The Trustees of the British Museum)

Die Schilde waren kreisförmig, aus Holz gemacht und manchmal mit Leder geschützt. Man band Eisen oder Leder, wie man am Gokstad-Beispiel sieht, um den Rand herum. Ein Schild, das man in Birka, Schweden, gefunden hat, war mit Bronze-Plättchen am Rand bestückt.

Im Zentrum befand sich der bekannte halbkugelige oder kegelförmige Eisenbuckel, hinter dem der Handgriff angebracht war. (A1) Das Schild selbst besaß in der Regel einen Durchmesser zwischen 76 und 102 cm und war aus Lindenholz gemacht, das nur etwa 0,5 cm dick und deshalb sehr leicht war. Wenn die Zeichnungen auf den Gotland-Bildsteinen genau sind, dann waren manche Schilde

Zeitgenössische Zeichnungen von Berserkern. (A) Von dem Oseberg-Teppich aus dem 9. Jahrhundert: Dieser Mann ist in Fell gekleidet, trägt Schild und Speer. (B) Dieser Krieger ist eigentlich der Vor-Wikinger-Ära zuzuordnen. Die Zeichnung ist auf einer aus dem 7. Jahrhundert stammenden Helm-Platte, die einen Mann in einem Wolfspelz, „ulfhednar", zeigt. Der nackte Krieger vor ihm ist vermutlich einer von Odins Kämpfern, ein „einherjar" („zur Armee gehörend"). Gehörnte Helme wurden, wie man hier sehen kann, während der Wikinger-Zeit nie getragen. Man sah sie höchstens auf Bildern von Göttern und heidnischen Priestern.

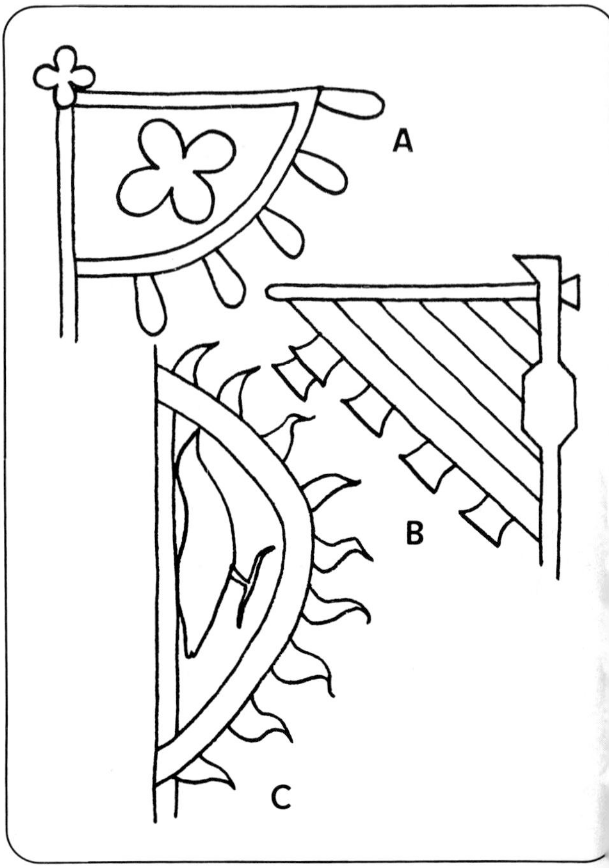

Wikinger-Fahnen. (A) Auf einem Silber-Penny von Olaf Sihtricsson, 942 in York geprägt. (B) Auf einer Münze aus Cnuts Regierungszeit. (C) Eine Raben-Fahne vom Teppich von Bayeux, die an die der Normannen, den jüngsten Nachfahren der Wikinger, erinnert. Daher kann man annehmen, dass die Raben-Fahne ein gut behütetes Erbstück einiger Normannen-Familien gewesen sein könnte, das herausgegeben wurde, damit es William dem Eroberer und seinem Reich dienen konnte.

sogar noch schmaler. Für gewöhnlich wurden sie angemalt, laut vieler Quellen in Rot (was am weitesten verbreitet war), Gelb, Schwarz, Weiß und ab und zu auch in Grün und Blau. Man fand 64 Schilde mit dem Gokstad-Schiff, die abwechselnd gelb und schwarz waren. Das runde Schild konnte auch in Hälften oder Vierteln in jeweils verschiedenen Farben angestrichen werden, und es gibt einige Hinweise darauf, dass man mystische Szenen, Drachen oder andere Kreaturen auf die Schilde malte. Bei der Schlacht von Nesjar 1015 hatten viele von St. Olafs Männern vergoldete, rote oder blaue Kreuze auf ihren weißen

Wikingische Reiter, in einem Bildstein aus dem 8. Jahrhundert geschnitzt. Man beachte den konischen Helm mit Ohrenschutz und die sackartige Hose. Die Figur hinter den Vorderbeinen des Pferdes scheint einen gequilteten Brustpanzer zu tragen. (Antikvarisk-Topografiska Arkivet, Stockholm)

Schilden; hierbei handelte es sich um eine dem Namen nach christlich-norwegische Armee, die gegen ihre eigenen, nicht konvertierten Landsmänner kämpfte. Die Bildsteine aus Gotland zeigen viele Schildmuster wie das von A3.

Obwohl nur wenige Fragmente bis heute überlebt haben - die besterhaltenen Beispiele stammen aus Gjermundbu in Norwegen (A2) -, schienen die meisten Wikinger-Soldaten Helme besessen zu haben. Viele waren einfach kegelförmig und ohne Nasenschutz, aber einige besaßen auch vergoldete oder versilberte Augenbrauenaufsätze (A1).

Während der Schlacht hatten die Helme oft ein „herkumble" („Kriegs-Mal") auf der Vorderseite aufgemalt, vermutlich war dies eine Art Zeichen oder Erkennungsmerkmal.

Harnische, die man „brynja" oder „hringserkr" („Ring-Hemd") nannte, wurden zunächst nicht so häufig wie Helme getragen und wahrscheinlich hauptsächlich von wohlhabenden Männern, denn bis auf einige wenige Funde von Überresten, konnte man bis heute keine Harnische aus der Wikingerzeit finden. Eines der besterhaltenen Beispiele wurde in Gjermundbu entdeckt, es besteh aus ineinander greifenden Ringen und sich überlappenden Enden. In der Anfangszeit der Wikinger-Ära waren die Panzerhemden wahrscheinlich kurzärmelig und reichten bis zu den Hüften (A1) oder knapp übers Knie. Ab dem 11. Jahrhundert konnten sie etwas länger sein. Harald Hardrada's Saga berichtet davon, dass der Harnisch sogar bis zur Mitte der Waden reichte und so dick war, dass keine Waffe durch ihn hindurchdringen konnte.

Man kann davon ausgehen, dass ein gut und komplett ausgerüsteter Wikinger-Soldat in der Mitte des 11. Jahrhunderts sich im Aussehen kaum von den anglo-dänischen Huskarls, wie man sie auf dem Teppich von Bayeux sehen kann, unterschieden hat (B 2). Im Wesent-

Rekonstruktion des Zaumzeugs, das man im Gokstad-Schiff gefunden hat. („Oldsaksamling" der Universität Oslo)

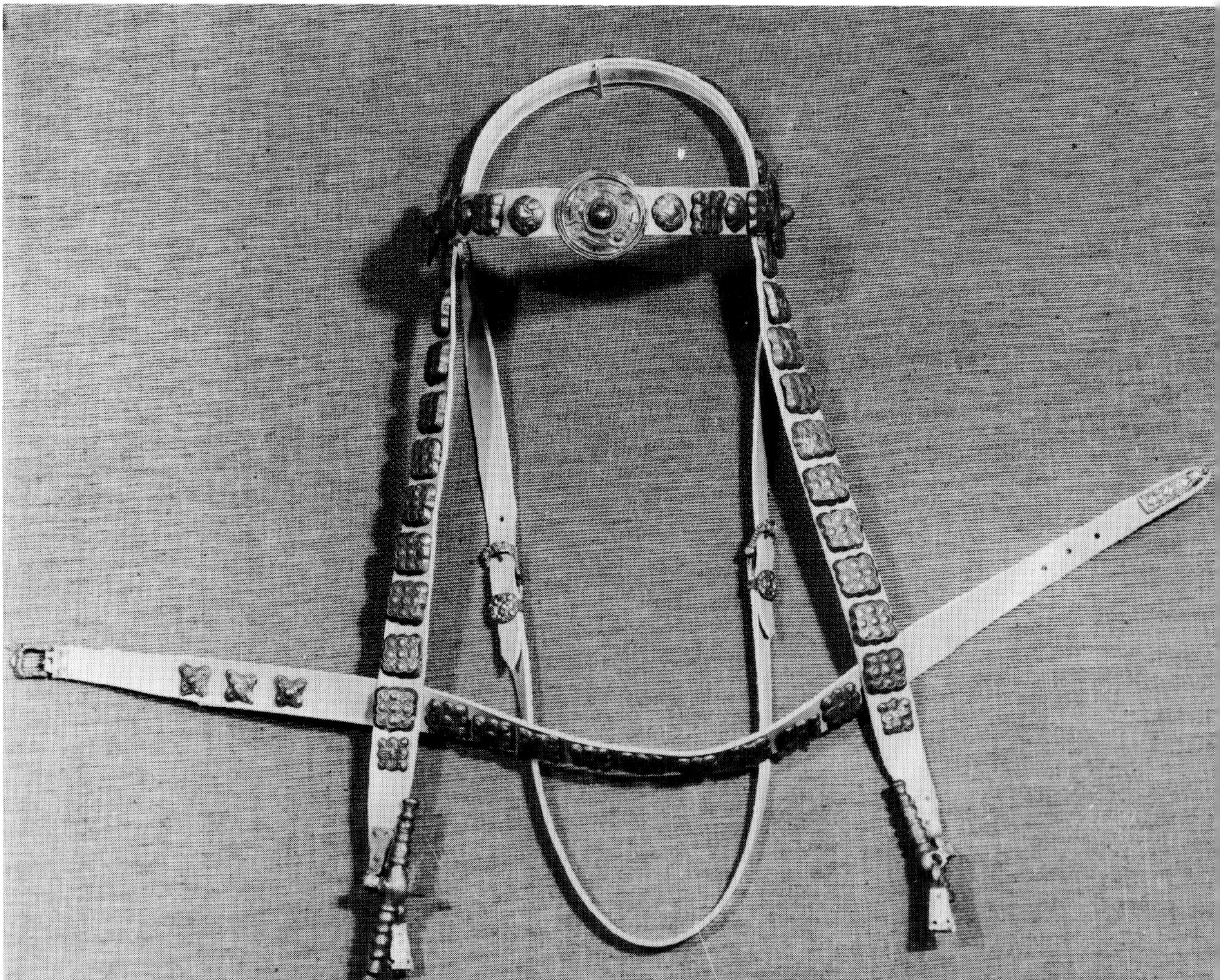

lichen scheinen die Sagas den Eindruck zu vermitteln, dass die schweren Harnische den Wikingern aus dem 11. Jahrhundert im Kampf oft zu lästig und zu heiß waren. Hardradas Nordmänner z.B. ließen 1066 ihre Rüstungen bei den Schiffen zurück, als sie sich zur Stamford-Brücke aufmachten, und auch König Magnus der Gute „streifte sein Panzerhemd ab", bevor er sich der Schlacht mit den Wendländern in Lyrskog Heath 1043 anschloss. Weniger wohlhabende Soldaten trugen anstelle des Harnisches gepolsterte Lederwamse (A3): 12 Rentierhaut-Jacken wurden 1029 von Thore Hund aus Lappland mitgebracht, die „ebenso gut wie herkömmliche Panzerhemden funktionierten und von keiner Waffe durchschnitten oder durchbohrt werden konnten."

Obwohl die Wikinger Handwaffen bevorzugten, so machten sie an Land und auf See doch auch recht häufig vom Bogen Gebrauch, besonders die Norweger (die berühmte Bogenschützen waren) und die Schweden (das Wort „Bogen" wurden in Schweden oft benutzt, um einen Krieger zu kennzeichnen). Sogar Könige waren dafür bekannt, in der Schlacht den Bogen zu führen, und sie waren sehr stolz auf ihre persönliche Treffsicherheit. Erhaltene Fragmente deuten darauf hin, dass man Bogen aus Holz benutzte. Manchmal handelte es sich auch um die mittelalterlichen Langbogen, wie der Fund einer solchen Waffe in Irland zeigt, der 185 cm lang war und einen D-förmigen Querschnitt besaß. Man hatte bis zu 40 Pfeile dabei, die in einem zylinderförmigen Köcher am Gürtel getragen wurden (B3).

Kleiner Axtkopf, 16,5 cm lang, aus Mammen, Jütland, mit Silbereinlegearbeiten in kunstvollen Mustern, die dem Mammen-Stil seinen Namen gaben. Die sich windenden Tierornamente sind für diesen Typ von Axt charakteristisch.

C: Wikinger-Frauen

Obwohl es im Laufe der Jahre sicherlich unterschwellige Modetrends gab, so blieb die weibliche Kleidung während der ganzen Wikinger-Zeit im Wesentlichen doch unverändert, wie die Sagas und zeitgenössischen Zeichnungen, etwa die auf den Gotland-Bildsteinen oder die kleinen Statuetten und der Oseberg-Teppich, belegen. Das Hauptkostüm bestand aus einem langen Woll- oder Leinenhemd, das in der Regel gefaltet und entweder kurzärmelig oder ärmellos war (Wikinger-Frauen zeigten gerne ihre Arme) und am Hals entweder einen angenähten Rand oder zusammengezogenen Bund besaß. Darüber trug man ein Außengewand, das aus zwei Woll- oder sogar Seidentüchern bestand, die quer über die Schultern fielen und von Schildpatt-Broschen aus Bronze festgehalten wurden, von denen einige zwischen zehn und 13 Zentimeter lang waren. Einige Fachleute sind der Ansicht, dass die zwei außen getragenen Bekleidungsstücke möglicherweise um den Körper gewickelt wurden, das eine von rechts nach links und das andere von links nach rechts, und zudem mit Broschen befestigt wurden. Da man in den Gräbern der Frauen keine Gürtelschnallen finden konnte, geht man davon aus, dass ihre Kleider entweder lose herabhingen oder mit

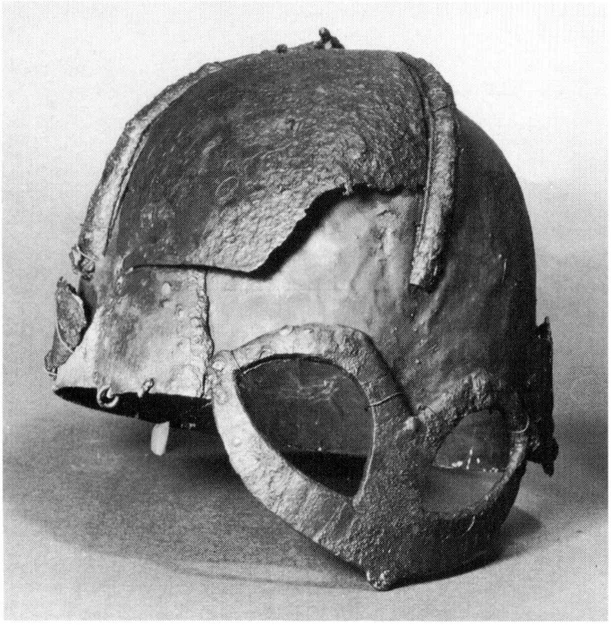

Diese Rekonstruktion eines Wikinger-Helms aus dem 10. Jahrhundert basiert auf Fragmenten, die man in einem Grab in Gjermundbu, Ringerike, Norwegen, gefunden hat. Der Helm hat einen brillen-ähnlichen Nasen-Augen-Schutz und verstärkende Streifen quer über dem Kopf. („Oldsaksamling" der Universität Oslo)

einem Stoffgürtel zusammengebunden wurden. Zumindest eine Saga berichtet jedoch von einem Kleid, das in der Taille zusammengehalten wurde, um die Figur der Trägerin zu betonen. Knielange Hosen wurden unter dem Hemd getragen und ein schwerer Mantel oder Pelz im Winter.

Zunächst waren die großen „Schildpatt"-Broschen reich verziert, manche sogar versilbert oder vergoldet, doch spätere Beispiele fielen schlichter aus, was vermutlich daran lag, dass die aus dem 9. Jahrhundert stammenden feinen Hängetücher aus Wolle, die man nun trug, die Broschen hätten verdecken können. Zunächst hielten die Broschen die Tücher, später dienten sie nur noch als Schmuck. Ein aus dem 10. Jahrhundert stammender arabischer Reisender, Ibn Fadlan, war der Ansicht, dass die Schildpatt-Broschen der Frauen als Indikator für den Reichtum der Ehemänner dienen sollten, je nachdem ob sie aus Eisen, Silber, Kupfer oder Gold gemacht waren. Weiterer Schmuck bestand aus Armbändern, Ringen und Halsketten. Hierfür benutzte man Perlen und Bernstein und buntes Glas (vor allem grünes) für die Anhänger, während einige auch aus kostbaren Metallen angefertigt wurden. Anderes Broschenzubehör - wie Kämme, kleine Messer, Scheren, Schlüssel und Nadel-Kästchen - wurden durch Kordeln und feine Ketten ersetzt.

Laut der meisten Sagas waren die skandinavischen Frauen erwartungsgemäß hellhäutig, blauäugig und blond. Außerdem fügte ein anderer Araber aus dem 10. Jahrhundert, al-Tartusi, hinzu, dass sie wunderschönes Augen-Make-up trugen. Verheiratete Frauen trugen ihr Haar geflochten unter einem Kopftuch oder Kappe, während Jungfrauen es offen ließen. Manchmal benutzten sie ein Stirnband, damit es geordnet war. Die meisten zeitgenössischen Illustrationen zeigen die Frauen mit einem großen Haarknoten auf ihrem Hinterkopf, der unter einem Kopftuch vermutlich mit einem Haarband zusammengebunden wurde.

D: Details des wikingischen Schiffbaus

Die meisten Wikinger-Schiffe wurden im Winter, nach der Erntezeit, gebaut. Wenn möglich benutzte man dafür ausschließlich Eichenholz, was erklärt, dass heutzutage kaum noch Eichen in Skandinavien zu finden sind. Als dieses Holz knapper wurde, verwendete man für verschiedene Teile des Schiffes auch Kiefer, Esche, Birke, Erle, Linde und Weide, doch der Kiel blieb unverändert aus Eiche bestehen. Eichenholz wurde auch bevorzugt für den Vorder- und Achtersteven benutzt und den Mastblock („kjerringa" oder „alte Frau") - ein Holzblock, auf dem der Mast aufgestellt wurde. Man musste lange suchen, bevor man eine Eiche fand, die groß genug für den Kiel der Long Serpent war. Das Stück, das während seiner Konstruktion auf dem Gras lag, war 74 skandinavische Ellen (ungefähr 35 Meter) lang, Vorder- und Achtersteven ausgenommen. Beim Bau fertigte man zuerst den Kiel an, bevor man die Bug- und Heckteile daran befestigte. Anschließend wendete man sich der Hülle zu, die aus zahlreichen Schiffsplanken bestand, die man überlappend von oben nach unten zusammennagelte und mit geteerten Tauen abdichtete.

Auf Kriegsschiffen waren die Planken möglichst dünn, um Gewicht zu sparen. Vom Bau der Long Serpent gibt es folgende bekannte Geschichte: Der Schiffsbauer Thorberg Skafhogg schlug bewusst einige Kerben in die Beplankung, um dann diese Stellen bis zur Einschlagkerbe wieder glatt zu schmirgeln, „und der König und alle Anwesenden erklärten, dass das Schiff auf der Seite, die Thorberg ‚dünner gemacht' hat, viel geschmeidiger war, sodass sie ihn baten, die andere Seite auf dieselbe Art und Weise zu bearbeiten, und ihm für diese Verbesserung sehr dankbar waren." Die untersten Planken des Gokstad-Schiffes waren ungefähr 2,5 cm und bis zur Wasserlinie 4,3 cm dick. In einer der obersten Planken sitzen die Ruderöffnungen, von denen jede mit einer eigenen kleinen schwenkbaren Klappe ausgestattet war, damit beim Segeln kein Wasser eindringen konnte. Erst als das Schiff bis zur Wasserlinie fertig gebaut war, setzte man die Rippen ein. Man verwendete keine Nägel, um die Planken zu befestigen, sondern band sie mit Fichtenwurzeln fest, was der

Hülle einen gewissen Grad von Flexibilität verschaffte.

D1 zeigt in einer Rekonstruktion, wie die Wikinger ihre Schiffe getakelt haben. Die Sagas berichten von dem „beiti-ass", einem diagonal verlaufenden Spier, der benutzt wurde, um eine Ecke des viereckigen Tuchs zu halten, so dass sich beim Segeln der Wind besser darin fangen kann und das Schiff schneller vorwärts treibt. Die verschiedenen anderen Details zeigen den „Mast-Block" (D2 und D3), das Steuerruder (D7), das Schildgestell des Oseberg-Schiffes und die Ruderluken des Gokstad-Schiffes mit ihren eigenen Klappen (D5). D8 ist ein Längsschnitt und zeigt die mittlere Sektion des Gokstad-Schiffes.

E: Eine Seeschlacht

Obwohl wir bereits auf den vorigen Seiten über die Schiffstaktiken berichtet haben, folgt nun eine Passage aus King Olaf Tryggvasson's Saga, die ein „authentisches Gefühl" einer Wikinger-Seeschlacht vermitteln soll. Hierbei handelt es sich um einen Auszug der Saga von der Schlacht von Svöldr, die die letzten Momente des Konflikts um Olafs Schiff beschreibt, als die Long Serpent von ihren Feinden, einschließlich Graf Eric Hakonsson von Lade an Bord seiner Iron Beard, umzingelt wurde:

„Eric befand sich auf dem vorderen Laderaum seines Schiffes, wo man einen Schildwall aufstellte. Axt, Schwert und Speere kamen im Gefecht neben Wurfgeschossen zum Einsatz. Einige schossen mit Bogen, andere warfen Speere. Tatsächlich prasselten so viele Geschosse auf die Serpent nieder, dass die Schilde sie kaum abwehren konnten, denn die Serpent war von allen Seiten von Langschiffen umzingelt. Da wurden König Olafs Männer so wütend, dass sie an Bord der feindlichen Schiffe stürmten, so dass ihre Angreifer in Reichweite waren und man sie töten konnte. Doch viele der feindlichen Schiffe blieben außerhalb ihrer Reichweite, um genau das zu vermeiden. Viele von Olafs Männern fielen dabei über Bord und gingen durch das Gewicht ihrer Waffen unter.

Einar Tambarskelve, einer ihrer besten Bogenschützen, stand in der Nähe des Mastes und schoss seine Pfeile ab. Ein Pfeil auf Eric traf die Ruderpinne knapp über seinem Kopf so hart, dass der Pfeil bis zum Schaft eindrang. Eric schaute sich gerade um und fragte, ob jemand gesehen hätte, wer da geschossen hat, als ein weiterer Pfeil zwischen seiner Hand und seinem Körper hindurchschoss und der Pfeilkopf am anderen Ende des Holzes wieder austrat. Daraufhin sagte Eric zu einem Mann namens Fin (oder zu einem Finnen, der ein exzellenter Bogenschütze war): ‚Schieße auf den großen Mann bei dem Mast!' Fin schoss, und der Pfeil traf die Mitte von Einars Bogen, sodass er in zwei Hälften zersplitterte. ‚Was war das für ein Geräusch?',

Klassischer Nasal-Helm aus dem 11. oder 12. Jahrhundert, den man in den vorangegangenen 200 Jahren in ganz Skandinavien und Westeuropa benutzte. Einige Exemplare aus dem 10. und 11. Jahrhundert besaßen Bronze- oder Silber-Verzierungen auf den Augenbrauenaufsätzen und dem Nasenbein. Ein Helm dieser Art wurde in Gotland ausgegraben, und man nahm an, dass es sich bei dem so genannten „Helm von St. Wenceslas" der Prager Kathedrale, der aus dem 10. Jahrhundert stammt, um einen anderen Typ handeln muss. (Kunsthistorisches Museum Wien)

fragte König Olaf. ‚Der norwegische König, der meinen Griff getroffen hat', schrie Einar.

Verzweifelt versuchten die Männer auf der Serpent, sich zu verteidigen, doch die schwersten Verluste wurden ihnen auf dem vorderen Deck zugefügt, obwohl der Schiffsrumpf dort am höchsten war und dort nur ausgesuchte Männer kämpften. Auch die Verteidigung auf dem mittleren Teil des Schiffes wurde immer schwächer, und als Eric sah, wie wenige Männer sich noch in der Nähe des Mastes befanden, legte er auf dieser Höhe mit seinem Boot und 14 Mann an. Ihnen trat Hyrning, der Schwager des Königs, entgegen und ein zäher Kampf entbrannte, an dessen Ende Eric gezwungen war, auf sein Boot Iron Beard zurückzuweichen. Diejenigen, die ihm folgten, wurden getötet oder verletzt.

Jetzt wurde an allen Fronten heftigst gekämpft. Viele auf der Serpent fanden den Tod, so dass deren Verteidigung noch schwächer wurde. Eric beschloss, einen weiteren Enterungsversuch zu starten, und abermals bereitete man ihm auf der Serpent ein ‚warmes Willkommen'. Als die

Schiffsbauer bei der Arbeit an der Normannen-Flotte an der Mündung des Flusses Dives im Jahre 1066, wie es auf dem Teppich von Bayeux abgebildet ist. Da keine Sägen zu sehen sind und bislang auch keine Schiffe, die Spuren von Sägen aufweisen, gefunden wurden, glauben die meisten Archäologen, dass die Wikinger nur Werkzeuge wie Äxte, Breitbeile, Hobel, Meißel, Bohrer und Klappmesser benutzt haben.

Männer auf dem Vorderdeck sahen, was Eric vorhatte, rannten sie nach achtern und lieferten einen verzweifelten Kampf. Doch mittlerweile waren so viele Männer gefallen, dass die Verteidigung nur noch lückenhaft war und Erics Männer von allen Seiten aufs Boot strömen konnten. Die letzten Männer kämpften achtern, um den König zu schützen.

Noch immer tobte der Kampf, selbst auf dem vorderen Laderaum, doch jetzt waren so viele Männer Erics an Bord, wie Platz finden konnten, und seine Schiffe umzingelten den König. Es gab nicht mehr genug Kämpfer, um die Vielzahl der Angreifer abzuwehren, und so dauerte es nicht mehr lange, bis fast alle Männer der Serpent getötet wurden, nachdem sie sich tapfer und ausdauernd geschlagen hatten. Schließlich sprangen König Olaf und der Marshall, einer an jeder Seite, über Bord. Doch Erics Männer hatten überall ihre Boote ausgesetzt, um jene Männer zu fassen, die ins Wasser gesprungen waren. Auf Erics Befehl hin versuchten sie, auch den König zu erwischen, doch dieser ging mit seinem Schild über dem Kopf unter und verschwand."

F: Ein Raubzug an der Küste (strandhögg)

Wenn die Schiffsvorräte der Wikinger wieder aufgefüllt werden mussten, dann „gönnten" sie sich einen „strandhögg", einen Raubzug an der Küste, wo sie Vieh und Schafe umzingelten und töteten oder einfingen und lebend an Bord brachten, um später frisches Fleisch zur Verfügung zu haben. Dies war einst ein durchaus üblicher Brauch, sogar in Skandinavien selbst, wo ein Mann die Freiheit besaß, sich überall außerhalb seines eigenen Gebietes selbst zu versorgen. Doch als sich im 9. Jahrhundert große Teile des Nordens unter mächtigen Königen zusammenschlossen, fiel dieser Brauch in Ungnade und einschlägige Täter wurden verbannt (wie z.B. Gange-Hrolf, Hrolf „der Wanderer" bzw. Herzog Rollo, der Gründer des Herzogtums der Normandie). Auf See „versorgte" man sich jedoch nach wie vor auf diese Art, was nebenbei eine gute Entschuldigung für die Gefangennahme junger Frauen und gesunder junger Männer für den florierenden Sklavenhandel war. Auch übrigens für das Ausrauben der Bevölkerung, sofern sie Gold oder andere Kostbarkeiten nicht rechtzeitig genug verstecken konnte.

Der hohe Rundturm im Hintergrund, den man wegen solcher Wikinger-Raubzüge als Zufluchtsort baute, lässt vermuten, dass dieser Überfall, wie häufiger in Irland, an der Küste stattfand. Im Vordergrund sieht man einen erschlagenen Bischof, der seines Goldes und Elfenbeinstabs beraubt wurde.

G: Wikinger im Osten

Wie dieses Bild nahe legt, übernahmen Wikinger-Händler und -Krieger, die in den Osten reisten, slawische und mittelasiatische Kleidungsstücke und Waffen und brachten sie nach Skandinavien. G1 ist ein Rus-Krieger, der vorwiegend auf den Schilderungen arabischer und byzantinischer Chronisten aus dem 10. Jahrhundert basiert, besonders auf die von Leo dem Diakonen. Sein geradezu berühmt gewordenes Porträt von Svyatoslav, Prinz von Kiew (962-972), klingt wie folgt: „Er war von mittlerer Größe, mit einem starken Nacken, einer breiten Brust und einem prächtigen Schnurrbart. Seine Nase war klobig, seine Augen blau, seine Augenbrauen buschig und sein Kopf war bis auf zwei

Silbernes Amulett von Thors Hammer aus dem 10. Jahrhundert von Fossi, Island. Die Ähnlichkeit der Form von Thors Hammer und Kruzifixen erleichterte im 10. und 11. Jahrhundert die Konversion der heidnischen Wikinger zum Christentum. Dänemark konvertierte offiziell in der Mitte des 10. Jahrhunderts zum Christentum. Norwegen, Island, Grönland die Orkney- und Faröer-Inseln wurden - oft unter Anwendung von Gewalt - unter der Herrschaft von Olaf Tryggvasson (995-1000) zum Christentum bekehrt. In einigen Teilen Schwedens existierte die alte Religion noch bis ins 12. Jahrhundert hinein, bis der große Heidentempel in Uppsala schließlich zerstört wurde.
(Nationalmuseum von Island, Reykjavik)

Locken an jeder Seite geschoren, was als Zeichen adeliger Herkunft galt. In einem Ohr trug er einen Silberring, der mit zwei Perlen und einem Karfunkelstein dazwischen geschmückt war. Seine weiße Tunika unterschied sich nur insofern von denen seiner Männer, als dass sie sauberer war."

An anderer Stelle berichtet er, dass die Rus neben Bogen, Schwertern, Speeren und Wurfspießen „mannsgroße" Schilder mit sich führten, die tatsächlich ungefähr 1,22 Meter hoch waren. Außerdem trugen viele Harnische. Die sackartigen Hosen, die dieser Mann an hat, sind auch auf den Illu-

Aus dem Jahre 1000 stammende Bronzestatue von Thor - Gott des Donners, aber auch des Volkes - mit seinem Schwert Mjöllnir, aus Eyjafjord in Nordisland. Thor und sein Vater Odin waren die Hauptgötter in der skandinavischen Mythologie. In Kriegszeiten bot man die Vernichtung des Feindes Odin (dem „Sammler erschlagener Männer") an, und dies geschah normalerweise zu Beginn einer Schlacht durch das Schleudern eines Speers über ihre Köpfe hinweg. (Nationalmuseum von Island, Reykjavik)

strationen der Gotland-Bildsteine zu sehen und wurden außerdem von arabischen Reisenden beschrieben. Letztere berichteten, dass diese weiten russischen Hosen am Knie zusammengebunden und festgemacht wurden. Der Mann von Abbildung G2 trägt auch solche Hosen, während der Rest seiner Ausrüstung gewisse mittelasiatische Einflüsse widerspiegelt, einschließlich des Pferdegeschirrs im Magyar-Sil. Er basiert auf einer Beschreibung von Bertil Almgren in The Viking, veröffentlicht von Nordbok, die wiederum auf ausgewählten archäologischen Funden beruht, die hauptsächlich aus der Stadt Birka in Schweden stammen, bis ca. 980 ein wichtiges Handelszentrum der Wikinger im Osten.

Im Hintergrund sieht man Männer der Varangianischen Garde aus dem 11. Jahrhundert, die zwei Merkmale aufweisen, für die sie berühmt waren: ihre Äxte und ihre Trunkenheit. Es sind zahlreiche Anekdoten über betrunkene Varangianische Wachmänner aufgezeichnet worden, und als König Erik von Dänemark 1103 Konstantinopel besuchte, ermahnte er die Mitglieder der Garde „sich darum zu bemühen, ein gemäßigteres Leben zu führen und sich nicht der Trunksucht hinzugeben." Denn eine aus dem 12. Jahrhundert stammende Beschreibung der Varangianischen Garde als die „Wein-Schläuche" des Kaisers schien durchaus angebracht gewesen zu sein.

H: Trelleborg Militärcamp, Dänemark

Trelleborg ist eines von vier ähnlich aussehenden dänischen Militärcamps aus dem späten 10. oder frühen 11. Jahrhundert, die als Truppenstützpunkte gebaut wurden und von denen aus Swein Forkbeard seine Angriffe gegen die Engländer aus führte. Diese Lager waren nur für vergleichsweise kurze Zeit (vermutlich nicht länger als 80

Blick aus der Vogelperspektive auf eine Rekonstruktion des Trelleborg Camps. Weiter Details finden sich im Bildtext zur Abbildung H. (Nationalmuseet, Kopenhagen)

oder 90 Jahre) besetzt. Von drei Seiten durch Flüsse und Marschland geschützt, bestehen Trelleborgs selbst gebaute Hauptverteidigungsanlagen aus einem tiefen Graben auf der Landseite und einem Schutzwall, der durch vier Tore an den Kompasspunkten durchbrochen war. Von diesen Toren aus teilte sich das Gebiet innerhalb der Palisade in vier gleiche Sektoren, in denen jeweils vier Hauptgebäude zu einem Quadrat angeordnet waren. Zusätzlich gab es im Außenbezirk 15 weitere Häuser. Der Durchmesser des Lagers innerhalb des Walls betrug 136 Meter. Der Wall selbst war 17,5 Meter dick und beinahe sieben Meter hoch. Jede Baracke war ungefähr 30 Meter lang, die im Außenbezirk waren etwas kürzer und besaßen in der Mitte einen großen Hauptraum, an den sich an beiden Seiten ein kleinerer Raum anschloss. Jedes Haus konnte zwischen 40 und 50 Männer beherbergen. Das Camp schien wirtschaftlich unabhängig zu sein, da die angrenzenden Felder bewirtschaftet wurden. Außerdem hatte es seinen eigenen Friedhof (oben links) und auch einige Frauen scheinen hier gelebt zu haben. H2 ist eine Nachbildung einer der bootsförmigen Baracken.

Die anderen drei ähnlich bekannten Camps befinden sich in Nonnebakken auf Fünen, in Fyrkat und Aggersborg in Jütland. Die ersten beiden sind im Prinzip wie das in Trelleborg aufgebaut, jedes mit 16 ähnlich angeordneten Häusern. Allerdings ist Aggersborg mit 287,5 Metern Durchmesser erheblich größer und besitzt 12 etwas größere Häuser (32,5 Meter lang) anstelle von vier in jedem Sektor. Archäologische Funde weisen darauf hin, dass diese Festungen zwischen 970 und 1020 gebaut wurden, und wir wissen, dass Aggersborg während einer Revolte im Jahr 1086 zerstört wurde. Diese Lager konnten zusammen 5500 Soldaten beherbergen.

I: Eine Schlacht zwischen Wikingern und Skrälingern

Abgesehen von der Kolonisation Islands und Grönlands entdeckten die Wikinger ungefähr 986, 500 Jahre vor Kolumbus, auch Amerika, das sie Vinland nannten. Zu Beginn des 11. Jahrhunderts gründeten sie kurzlebige Kolonien auf Neufundland - L'Anse aux Meadows - und wahrscheinlich auf Labrador. Auch wenn die Beweise unzureichend sind, so schien es danach noch mindestens bis ins 14. Jahrhundert hinein gelegentliche Expeditionen von Grönland nach Amerika gegeben zu haben. Wahrscheinlich holte man Holz, da der Baumbestand in Grönland immer knapper wurde. So gaben die Wikinger ursprünglich einen Teil von Vinland den Namen Markland („Waldland"), und das wird für gewöhnlich als das Küstengebiet Labradors identifiziert.

Der Hauptgrund für das Scheitern einer permanenten Besiedelung lag offensichtlich in der Feindseligkeit der Skraelings (die „Schrecklichen" oder die „Kreischer"), wie sowohl Indianer als auch Eskimos in den Sagas bezeichnet werden. Eirik's Saga berichtet, wie nach einem Gefecht mit ihnen, in dem zwei Nordmänner und vier Skrälinger getötet wurden, dem Anführer der Expedition klar wurde, „dass, obwohl das Land exzellent war, sie hier auf Grund der Ureinwohner niemals sicher oder frei von Angst leben könnten. Deshalb bereiteten sie sich darauf vor, das Land wieder zu verlassen und nach Hause zurückzukehren." Aus den Sagas wissen wir, dass die Skrälinger dunkelhäutig waren, „zerzaustes", dickes Haar, große Augen und breite Wangen besaßen. Zu ihrer Bewaffnung zählten Schlingen, Bogen und Speere mit Quarzit- und Feuersteinköpfen. Ihre Kleidung bestand aus Fellen und Tierhäuten und die Wikinger-Schiffe griffen sie mit einer Flotille schlanker Kanus an. Anthropologen haben sie zögernd als Angehörige der ausgerotteten Micmac- oder Beothuk-Indianer, die mit den Algonquins verwandt sind, identifiziert.

Die Skrälinger, die die Besiedlung ihres Landes durch die Grönländer verhindert haben, waren vermutlich eher Eskimos denn Indianer.

Schnitzereien aus der Stabkirche in Hylestad, Norwegen, zeigen den legendären Wikinger-Krieger Sigurd, den Drachentöter aus dem 12. Jahrhundert. Es fällt auf, dass das traditionelle Rundschild durch das Drachenschild ersetzt wurde. Sein Helm besitzt einen Nasen- und Nackenschutz.

J: Die letzten Wikinger

Diese drei Soldaten bezeugen die allmähliche Evolution der skandinavischen Militärsausrüstung im Laufe des 12. Jahrhunderts, mit der dieselbe Stufe wie im restlichen Europa erreicht wurde. J1 ist ein Bewohner der Hebriden, eine Schachfigur von der Insel Lewis aus dem Jahre 1175. J2 ist ein Norweger vom Baldishol-Teppich aus dem Jahre 1180, und J3 ist ein Isländer von den geschnitzten Türen der Valhjofsstadir-Kirche aus dem Jahre 1200. Man sieht, dass das konventionelle Rundschild

Eine weitere Schachfigur von der Insel Lewis: Diesmal ist es ein Ritter auf einem Pferd, der einen konischen Helm mit Nasen-, Ohren- und Nackenschutz trägt. Von nun an war der Wikinger-Krieger kaum von jedem anderen in Westeuropa zu unterscheiden - er war der „miles" bzw. der Vorreiter schwer bewaffneter Soldaten zu Pferde. (The Trustees of the British Museum)

durch das lange Drachenschild abgelöst wurde, und dass das Panzerhemd innerhalb der ritterlichen Kriegerkaste, die sich unter dem westlichen Einfluss zu entwickeln begonnen hatte, nun regelmäßig benutzt wurde. Nichtsdestotrotz wurden die Seeschlachten noch relativ häufig mit Langschiffen auf altehrwürdige Weise ausgetragen, und Landschlachten erfolgten nach wie vor zu Fuß mit schwer bepackten Soldaten, die wie früher Schwert, Axt und Speer mit sich führten. Tatsächlich besteht laut den Sagas, die man zu dieser Zeit anfing aufzuschreiben, kein Unterschied zwischen den Beschreibungen der Kämpfe, die man im 10. Jahrhundert und denen, die man im 12. Jahrhundert ausgetragen hat. Skandinavische Soldaten waren vielleicht nicht wie Ritter gekleidet und das Christentum mag ihre Wildheit ein wenig gebändigt haben, aber im Grunde waren sie immer noch unverkennbare Wikinger.

DIE NORMANNEN IN DER NORMANDIE

Die Region, die zur Normandie wurde, war keine Erfindung der Normannen. Sie war - ähnlich wie die alte Kirchenprovinz Rouen, nur ohne natürliche Grenzen - nicht viel mehr als ein unter Administration stehendes Gebiet, das auf einer Vereinbarung des normannischen Herzogs und des französischen Königs beruhte. Seine Bevölkerung war im Wesentlichen gallo-romanisch mit einem kleinen Frankenanteil (Germanen). Eine beträchtliche Zahl von Skandinaviern (Wikinger) hatte sich dort niedergelassen, aber sie wurden in kleine Kolonien in der Oberen (östlichen) Normandie und in große Kolonien in der Unteren (westlichen) Normandie aufgeteilt. Skandinavische Kolonisation begann gegen Ende des 9. Jahrhunderts, doch im Jahre 911 drängte Rollo, ein Führer der Siedler im Seine-Tal, Charles III. von Frankreich dazu, seine Besetzung eines Teiles der Oberen Normandie anzuerkennen - vermutlich als Gegenleistung für seine Annahme des Christentums und die militärische Unterstützung, die er dem französischen Monarchen gegeben hatte. Dieser Vertrag von St. Clair-sur-Epte ist von einer Legende umhüllt, doch fest steht, dass Rollo 923 die Kontrolle über die anderen skandinavischen Siedler in der Unteren Normandie gewonnen hatte. Seine Nachfolger drängten die Grenze der Bretagne weiter zurück und verwandelten Rouen in eine florierende Handelsstadt, die in engem Kontakt mit Skandinavien und den wikingisch regierten Teilen Nordenglands stand.

Danach, bis William der Bastard 1047 bei Val-ès Dunes den Sieg erlang, bestand die normannische Geschichte hauptsächlich aus dem Kampf nachfolgender Herzöge um die Vereinigung der Normandie und die Vorherrschaft ihrer kriegerischen Aristokratie. Bis zum frühen 11. Jahrhundert glichen die Normannen immer noch den Wikingern und hießen skandinavische Piratenflotten als Alliierte willkommen. Allerdings hat es die wichtige Wikinger-Institution, die demokratische Versammlung oder „thing“, bei den Normannen nie gegeben. Auch war die Normandie am Anfang ihren Nachbarn militärisch unterlegen, normannische Truppen waren kleiner und weniger gedrillt als die von Anjou.

Feudalismus

Mit der Ausweitung des Feudalismus in der Normandie wuchs auch die Macht der Normannen. Feudalismus wurde oft mit irreführenden und vereinfachenden Begriffen beschrieben. Im Wesentlichen wird im Feudalismus ein Staat durch die besondere Bindung von Herrscher und Beherrschten vereint: König mit Herzog, der regionale Lord mit dem ihm ergebenen Ritter durch Treueschwüre oder Vasallentum, Lehenstreue und Ehrerbietung. Solch ein Über-

Trotz der ungenauen Darstellung, des über die Jahrhunderte hinweg andauernden Verwitterungsprozesses und der Aufnahme im Schatten kann man an der Südtür der Kirche St. Mary's Barfraston in Kent noch immer zwei Schnitzereien von anglo-normannischen Kriegern (1180) erkennen: einmal auf dem Pferd mit angelegter Lanze und einmal zu Fuß mit einem konischen Helm samt Nasenschutz, Panzerhemd und Drachenschild mit der geraden, scharfen Oberkante.

einkommen wurde als „ehrenvoll“ angesehen, und es formte einen Vertrag, in dem die Starken versprachen, die Schwachen zu verteidigen und die Schwachen die Starken zu unterstützen. Je mehr sich ein Vasall als würdig erwies, desto wahrscheinlicher war es, dass er mit einem Stückchen Land oder „fief“ belohnt wurde - samt seiner Einwohner. So wurde er zum Pächter seines Lords. Solch ein Besitz half dem Vasallen, bei dem es sich in der Regel um einen Ritter handelte, für die steigenden und täglich anfallenden Kosten der teuren Militärausrüstung aufkommen zu können. Dies war das archetypische „fief de haubert“. Der Harnisch war ein Panzerhemd, das einen Elite-Kavalleriemann von dem Rest der Armee unterschied. Das Lehen befreite den Soldaten von der körperlichen Arbeit, so dass er sich auf seine militärischen Aufgaben konzentrieren konnte.

Mittelalterliche Terminologie ist notorisch ungenau, aber vieles deutet darauf hin, dass die „milites“ echte Vasallen waren, auch wenn sie nicht unbedingt ein Stück Land gepachtet hatten, wohingegen die „stipendiarri“ weniger durch Schwüre an ihren Herrn gebunden waren und

„Der Tod von Absalom“: Darstellung in einer Bilderbibel. Vermutlich wurde die Zeichnung in Winchester, Hampshire, 1150-75 angefertigt. Man beachte die Details: der hohe Sattel mit den Doppelgurten; die Panzerhemden mit den Gesichtsmasken und Visieren oder Klappen; der oben abgerundete Helm (links) mit einem Nasenschutz und gemalten Motiven; die so genannte phrygische „Mütze“ (Mitte) mit verstärkter Vorderfront und das Drachenschild mit winkelförmigen Mustern. Auf dieser Seite sind noch zahlreiche andere Szenen aus Davids Leben zu sehen, die alle Ritter entweder mit oben abgerundeten Helmen oder „phrygisch geformten“ Helmen zeigen. Andere Schildmuster bestehen aus diagonalen „Biegungen“ und zweifarbigen Karomustern. (Pierpont Morgan Bibliothek, M. 619 verso, New York)

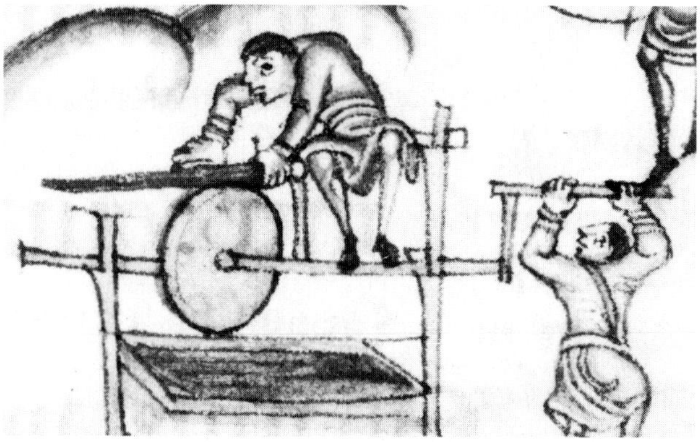

Das Schärfen eines Schwertes: Detail aus einem anglo-normannischen Manuskript aus dem Jahre 1150. (Eadwine Psalter, Ms.R.17.1, Trinity College Bibliothek, Cambridge)

zweite Rückzug der eigenen Männer des Herzogs von den meisten Historikern als vorgetäuschte Flucht betrachtet wird. Literarische Beschreibungen der Schlacht von Hastings konzentrieren sich eher auf Schwerter denn auf Speere, vielleicht waren Letztere beim Aufprall auf die sächsischen Schilde schnell zerbrochen oder schon zu Beginn der Schlacht auf den Feind abgefeuert worden. Das Kavallerietraining bestand auch aus dem Schleudern der Spieße und Speere vom Pferderücken aus.

Bei weiter gefassten Strategieüberlegungen gingen die ansonsten eher impulsiv handelnden Normannen in ihrer Kriegsführung äußerst vorsichtig vor und nahmen häufig eine geduldige Abwarten-und-Beobachten-Haltung an. Bedächtiges Auskundschaften und Angriffe im Winter waren die Regel. Andererseits gab es Schlachten, bei denen ausschließlich die Kavallerie zum Einsatz kam, äußerst selten - zumindest in Frankreich. Die Rolle der Infanterie blieb indes wichtig, und die Ritter aus dem 11. Jahrhundert waren gut trainiert und willig, zu Fuß zu kämpfen. Dennoch gibt es insgesamt gesehen im Vergleich zu gewöhnlichen „milites" nur sehr wenige Hinweise auf „milites" „pedites" bzw. Fußritter.

Uns ist nicht bekannt, wie solche Männer bewaffnet waren, aber Bogenschießen war unter den Normannen auf jeden Fall von großer Bedeutung. Herzog William selbst war ein bekannter Bogenschütze. Die Eroberung von England führte zum häufigeren Gebrauch von Pfeil und Bogen auf den Britischen Inseln. Auf dem Teppich von Bayeux kann man zwei verschiedene Typen von Bogenschützen erkennen: Die Schützen auf dem Hauptbild sind gut gekleidet und ausgerüstet, während die auf dem unteren Abschnitt eher einem wilden Haufen gleichen. Erstere sind vermutlich gelernte Schützen, wohingegen die anderen ein allgemeines Aufgebot von arrière ban repräsentieren, einem selten zum Einsatz kommenden, finsteren Rest des alten germanischen Aufgebots aller freien Männer. Am Ende des Teppichs verfolgt ein normannischer Bogenschütze die besiegten Sachsen mit einem Pferd. Er trägt Sporen, und obwohl es sich hierbei wahrscheinlich um künstlerische Freiheit handelt, so wurde dies doch als Beweis für die eher unwahrscheinliche Existenz normannischer Bogenschützen zu Pferd benutzt, oder um anzudeuten, dass professionelle Bogenschützen eben zur besonders mobilen Infanterie gehörten. Die normannischen Schützen bei Hastings waren jedenfalls geschickt und geübt genug, um ihren Pfeilhagel in verschiedenen Kampfzonen auf feindliche Truppen niederprasseln zu lassen, was man normalerweise nur von den Byzantinern oder Türken kannte. Es ist sogar möglich, dass einige der kürzeren Bogen, die auf dem Teppich von Bayeux zu sehen sind, südeuropäischer Bauart waren: Und vielleicht wurden diese von Herzog Williams Söldnern benutzt. Andere Indizien sprechen dafür, dass Armbrüste eingesetzt wurden, obwohl keine auf dem Teppich zu sehen sind. Man kannte sie zu diesem Zeitpunkt auf jeden Fall schon in Frankreich, und später sollten sie von den Normannen häufig eingesetzt werden.

* * *

Gegen Ende des 10. Jahrhunderts hatte der Machtanstieg der militärischen Aristokratie bereits die „Peace of God"-Bewegung in Süd- und Mittel-Frankreich ins Leben gerufen. Auf diese Weise wollten Kirche und die einfachen Leute die Gewaltausbrüche kleiner Barone und Ritter bändigen. Regionale Herrscher unterstützten diese Bewegung häufig, da sie zwar nicht unbedingt an Frieden, aber an Stabilität interessiert waren. Herzog Richard II. von der Normandie war der erste, der die „Peace of God"-Kampagne ablehnte, da er auf seine eigenen Fähigkeiten zur Friedenserhaltung baute. Beinahe völliger Anarchie folgte sein Tod und Herzog William war froh, 1047, im Jahr von Val-ès-Dunes, seine eigene „Truce of God" verkünden zu können. Diese Waffenruhe war der Beginn des Abflauens der kriegerischen Auseinandersetzungen und definierte jenen Personenkreis, der auch keine „privaten" Fehden führen durfte. Der Herzog selbst und seine Armee waren von solchen Einschränkungen natürlich ausgenommen.

Als praktisch unabhängiger Prinz pflegte der Herzog der Normandie politische Beziehungen zu den Nachbarherrschern, von denen der wichtigste kein Geringerer als sein oberster Lehensherr, der König von Frankreich, war. Nachdem der letzte französische Versuch, das Herzogtum zu zerstören, 987 abgewehrt werden konnte, folgte eine relativ beständige Politik zur Unterstützung der französischen Krone. Spannungen blieben indes bestehen, und so attackierte der König - wenn auch spät - 1054 und 1058 das Herzogtum. Aber die größte Bedrohung für die Normandie ging in der Regel von Anjou und Flandern aus.

Normannische Beziehungen zum angelsächsischen England waren ehrlicher. Im Jahr 1000 hatte die angelsächsische Flotte zwar die westliche Normandie angegriffen, um wikingischen Räubern, die dort lagerten, zuvorzukommen, doch als die Normandie das Christentum und die französische Sprache angenommen hatte, besaßen seine Herzöge und die Herrscher in Südbritannien ein gemeinsames Interesse daran, den Ärmel-Kanal für die Wikinger zu schließen. Diese Allianz zerbrach, als die Normannen Edward und das Haus von Wessex gegen Cnut von Dänemark in ihrem Kampf um den englischen Thron unterstützten. Als Edward der Bekenner aus seinem Exil in der Normandie zurückkehrte, um die englische Krone entgegenzunehmen, lagen seine Sympathien verständlicherweise auf Seiten der Normannen. Doch als Mann aus dem Süden Englands hatte Edward auch Angst vor der skandinavischen Bedrohung und ihm war klar, dass nach seinem Tod ein normannischer Nachfolger den Kanal für die Wikinger sperren lassen würde. Die in diesem Punkt mangelnde und zumeist tendenziöse Überlieferung bedeutet auch, dass Herzog Williams Anspruch auf den englischen Thron vielleicht mehr Bedeutung geschenkt werden sollte, als dies normalerweise der Fall ist.

Die ähnliche Angst der normannischen Herzöge vor skandinavischer Intervention kam Williams Allianz mit seinen einstigen Feinden in Flandern 1066 zu Gute. Andere ständige Ziele von Wikinger-Raubzügen waren schon immer die Kanalinseln (oder Îles Normandes) gewesen. Diese gehören nicht und gehörten nie zu England. Entgegen allgemein verbreiteter, gegensätzlicher Auffassung waren sie 1066 auch nicht Teil des Herzogtums Normandie. Statt dessen standen die Inseln sowie die Regionen Bretagne und Maine als unabhängige Kolonien unter dem persönlichen Schutz von Herzog William. Und sie alle unterstützten die große Expedition von 1066 mit Männern und Schiffen.

Viele normannische Krieger, Administratoren und Kir-

Die Belagerung Jerusalems, abgebildet auf einem Wandteppich (Ezek.4.1) aus einem Manuskript von Auxerre, ca. 1000 n. Chr. Man sieht mit Rädern ausgestattete Rammböcke und eine frühe Form von Armbrüsten. (Commentaries of Hayman on Ezekiel, Ms.Lat.12302, Bib.Nat., Paris)

Die Hauptansicht von Gisors Castle. Die Rundmauer wurde im 11. Jahrhundert gebaut, den hohen Wachturm fügte man Ende des 12. Jahrhunderts hinzu.

chenmänner haben in England unter Edward dem Bekenner gedient. Einige von ihnen waren für die Reorganisation der englischen Verteidigungsanlagen entlang der walisischen Grenzen um 1055 verantwortlich, auch wenn ihre Versuche, eine Kavallerie nach normannisch-französischem Vorbild einzuführen, im Kampf fehl schlugen - bis 1066, als sich die englische Militärtradition wirklich änderte.

Die Eroberung Englands durch die Normannen mag in der britischen Geschichte vielleicht nur eine untergeordnete Rolle gespielt haben, doch für die Geschichte der Normandie war sie von großer Wichtigkeit. Während der ersten Jahre nach der Eroberung verhalf der Reichtum und die Stärke Englands den Herzögen dazu, ihre Position zu stärken. Das wird in den „Consuetudines" aus dem Jahre 1091 deutlich, die dem Herrscher eine größere Kontrolle über den Bau von Schlössern wie auch das Recht gaben, jede beliebige Festung zu besetzen. Sie besagten auch, dass ein Mann seinen Feind nicht angreifen durfte, wenn dieser sich auf dem Hin- oder Rückweg zum Hof oder zur Armee des Herzogs befand. Pilger und Kaufleute wurden gleichermaßen geschützt. Plünderungen sowie das Niederbrennen von Häusern und Mühlen und die Zerstörung landwirtschaftlicher Werkzeuge waren verboten. Solche Versuche, die einheimische Gewalt zu kontrollieren, waren auf das begrenzt, was in der Praxis möglich war. Doch dieser Normannische Frieden ging weiter als der frühere „Peace of God", in dem man die Kämpfe auf Mittwoch und Montag morgens beschränkte ...

Dies geschah noch bevor sich die Regierungsmacht entfaltete und wuchs. Nachdem William der Eroberer 1087 gestorben war, wurde sein Königreich zwischen William II., der König von England wurde, und Robert „Kurzhose", der die Normandie mehr schlecht als recht regierte, aufgeteilt. Das Herzogtum fiel folglich in Anarchie, so dass die Aristokratie viel von ihrer verlorenen Unabhängigkeit zurück erlangen konnte - bis 1106, als die beiden Gebiete von Heinrich I. wieder vereint wurden, der viele der inzwischen zumeist illegal errichteten Schlösser zerstörte.

In der Zwischenzeit wuchs das Ansehen der Ritter. Bereits in der Mitte des 12. Jahrhunderts bildeten sie eine kleine Adelsschicht. Parallel dazu entwickelte sich die Wappenkunde und das Weitergeben eigener Motive vom Vater zum Sohn, auch wenn es noch keine wirklichen Wappenschilder gab. Zuvor hatte man bereits begonnen, geschlossene Helme zu tragen, die das Gesicht des Trägers schützten, aber mit ihm wahrscheinlich nicht fest verbunden waren. Der erste sichere Hinweis auf normannische Wappenkunde stammt von 1127, als Heinrich I. seinen Schwiegersohn Geoffrey von Anjou zum Ritter schlug und ihm das Abzeichen mit goldenen Löwen auf blauem Grund verlieh. Ein Löwe bezeichnete Heinrich I. Zwei Löwen standen für Heinrich II., und zwei Löwen oder Leoparden auf Rot verband man zu dieser Zeit bereits mit den Truppen der Normandie. Natürlich fügte man bei Richard I. ein drittes Raubtier hinzu, um ihn von den Truppen Englands unterscheiden zu können. König Stephen wird manchmal mit drei goldenen Zentauren auf rotem Untergrund in Verbindung gebracht: Vermutlich handelte es sich hierbei um eine Erfindung zu einem späteren Zeitpunkt, auch wenn er bereits einen Zentaur oder einen Schützen als Abzeichen hatte.

Die militärischen Anforderungen, die man an die Ritter der Normandie stellte, fielen etwas geringer aus, als die im anglo-normannischen England. Aber als die regierenden Ritter Englands in den späten Perioden der Normannen- und Angeviner-Herrschaft zu großen Teilen entmilitarisiert wurden, blieben die Ritter der Normandie auch weiterhin Krieger und ihre Klasse bestand fort. In England wurde eine Steuer namens „scutage" (Schild-Geld) ausschließlich für militärische Dienste gezahlt. Diese Idee gelangte schließlich in die Normandie, wo sie früher als im restlichen Frankreich eingeführt wurde.

Nachdem Heinrich II. durch eine Rebellion in den Jahren 1173/74 ins Straucheln geraten war, setzte er eine Vereinheitlichung des Militärapparates in Gang. Als Erstes erfolgte die Verfügung („Assize") von Nordhampton (1176), die die Pflichten der Burgherren Englands unter die Lupe nahm. Vier Jahre später wurden diese reformiert, und im selben Jahr sorgte die „Ordnance von Le Mans" für dasselbe Resultat für die französischen Provinzen des Königs. 1181 schrieb die „Assize of Arms" vor, wie sich jeder Einzelne und die Regierung zu bewaffnen hatte. Außerdem verbot sie den Export militärischer Bedarfs- und Ausrüstungsgegenstände. Laut diesen Verordnungen sollte ein Ritter zumindest ein Panzerhemd, einen Helm, ein Schild und eine Lanze besitzen, und ein gewöhnlicher freier Mann ein kleineres Kettenhemd (haubergeon), eine eiserne Kappe und eine Lanze. Der städtischen Bürgerklasse wurde das Tragen eines gefütterten Wamses als Schutz, eine Eisen-Kappe und eine Lanze, aber nicht mehr, gestattet. Die Kosten für Militärausrüstungen waren enorm angestiegen, so dass das Beste natürlich nur für eine professionelle Elite bestimmt war. 1080 kostete ein Harnisch 100 Sous und war damit zwei bis fünf Mal teurer als ein Pferd. Ein Pferd wiederum war fünf Mal soviel Wert wie ein Bulle, und im 13. Jahrhundert war ein Kriegspferd nicht weniger als sieben Mal soviel Wert wie ein gutes, gewöhnliches Pferd. Die besten kamen aus Spanien, Norditalien oder Sizilien.

Ein Weg, sich die teure Ausrüstung auch weiterhin leisten zu können, war, bei einem Turnier zu gewinnen, doch Heinrich II. hatte solche Wettkämpfe in England verboten. Diejenigen, die auf diese Art und Weise nach Ruhm, Reichtum und Abenteuer strebten, mussten nach Frankreich, Flandern, ins Burgund oder die Champagne reisen. Die Kriegerklasse wurde natürlich immer vielschichtiger und ganz unterschiedliche Ritter wie die „bachelers“, „pueri“, „armigeri“, „vavassors“, „serviens“, „serjeanten“ und andere bildeten sich heraus. Gegen 1133 dienten die „vavassors“ in der Normandie; sie besaßen 20 bis 27 ha Land und wurden nur zu einem Viertel oder zur Hälfte als Ritter angesehen. Die genaue Bedeutung von „bacheler“ ist dagegen immer noch unbekannt, aber vermutlich muss man diese Bezeichnung eher mit jungem Enthusiasmus und vielleicht Unerfahrenheit als mit einem definierten Militärstatus in Verbindung bringen.

Eine Gruppe von Kriegern, die sicherlich an Bedeutung gewann, waren die Söldner. Sie erwiesen sich nicht nur als besser trainiert und ausgerüstet als die meisten feudalen Krieger, sondern auch als zuverlässiger. Verschiedene Gruppen sind festgehalten worden, zum Beispiel die hoch angesehenen Brabanter (Brabançons) aus dem heutigen Belgien, die Furcht einflößenden Cotteraux und Routiers. Die Brabanter schienen meistens „serjeants“ gewesen zu sein, wahrscheinlich Armbrustschützen und Speerwerfer der städtischen Bürgerschicht, die von Rittern angeführt wurden. Doch gegen 1202 verfügten sie und andere flämische Söldner über eine voll ausgerüstete Kavallerie samt geschützter Pferde. Die Cotteraux waren vermutlich Infanteristen von geringerer Klasse oder ursprünglich sogar Gesetzlose. Die Routiers können Reiter gewesen sein. Wie dem auch sei - zu dieser Zeitperiode benötigte man vor allem Söldner, die Armbrustschützen waren. Und man heuerte die Söldner nicht nur für große Schlachten an, sondern auch, um sie in einer Garnison eines Schlosses dienen zu lassen.

Unter Heinrich II. standen Aragonesen aus Nordspanien, während Richard I. offensichtlich einige Muslime in seine Truppen aufnahm oder versklavte Gefangene aus den Kreuzzugsstaaten oder, was noch wahrscheinlicher war, aus dem normannischen Sizilien. Nachdem die Normandie und Anjou an die Franzosen verloren gegangen waren, wurden Männer aus diesen Gebieten noch immer von König John von England als Söldner rekrutiert, der vor allem fähige Techniker willkommen hieß.

Eine dritte Gruppe von Kriegern bildeten die Männer aus den verschiedenen Vasallenstaaten. Womöglich kann man einige Kontingente aus Wales und Schottland als solche betrachten, wohingegen Truppen aus der Bretagne und Maine definitiv aus Vasallen bestanden. Sogar noch 1120 wurden die Bretonen für die allerbesten Kavalleristen gehalten, die zu Fuß aber nicht so effektiv waren. In der Schlacht von Tinchebrai (1106) stiegen alle Männer aus der Armee von Heinrich I. von ihren Pferden, bis auf die aus der Bretagne und Maine. Bei Lincoln (1141) weigerten sich die Bretonen ebenfalls, zu Fuß zu kämpfen. Doch im Zuge des 12. Jahrhunderts wurden die Regierung, die Administration und in einem kleinerem Ausmaß auch der mi-

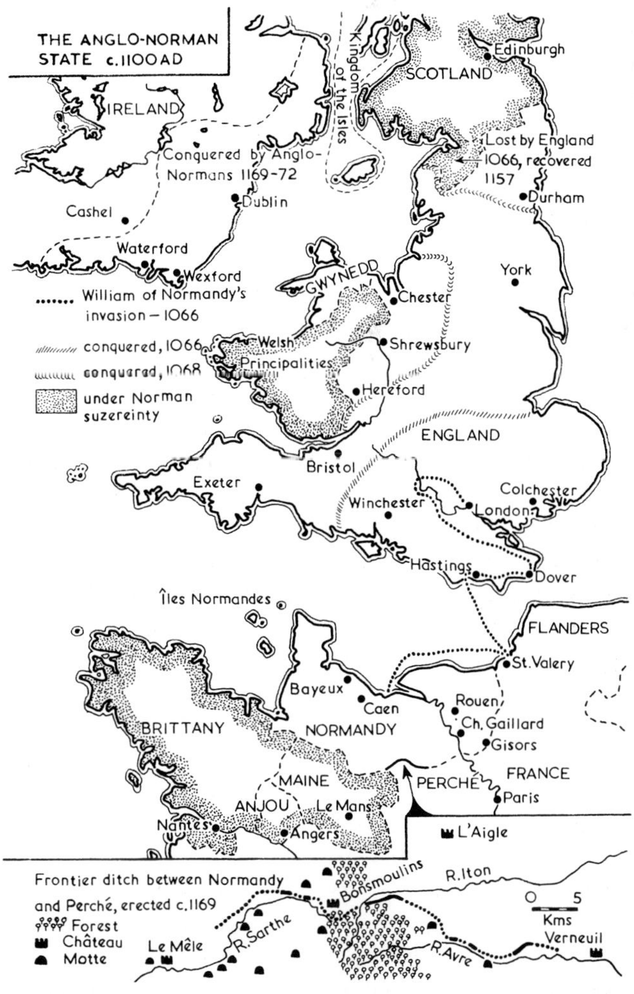

litärische Stil der Bretonen neu gestaltet, so dass das traditionelle keltische System schließlich verschwand.

Normannische Kriegsführung wurde während des späten 11. und 12. Jahrhundert organisierter und ausgefeilter, denn es gab einige fundamentale Änderungen. Belagerungen gehörten bei fast allen Konflikten mit dazu und viele Schlachten entstanden bei dem Versuch, eine Garnison abzulösen. Schlachten wurden außerdem als im Ergebnis unvorhersehbar und potenziell verheerend angesehen, so dass sorgfältig geplante Konfrontationen eher ein letzter Ausweg oder das Ergebnis einer Fehleinschätzung waren. Tatsächlich unterband man den Kampf, wenn Waffenruhen herrschten oder Verhandlungen geführt wurden, oder wenn eine Seite sich bereits wieder zurückzog. Unnötige Blutsfehden innerhalb der militärischen Elite wurden ebenfalls vermieden. Ritter kämpften nicht mehr gegen ihresgleichen und sogar die niedriger gestellte Infanterie war oft in Lage, ritterliche Aggressionen von ihren Kameraden fernzuhalten.

Wenn ein offener Kampf stattfand, dann war es für eine Armee, einschließlich der Ritter, üblich, zu Fuß zu kämpfen. 1118 bei Alençon attackierte eine Rittertruppe von Angevinern, gefolgt von Bogenschützen und anderen Infanteristen, eine normannische Armee aus Kavallerie und Infanterie. Anscheinend stiegen die Angeviner im Verlauf des Kampfes von ihren Pferden ab und zudem waren ihre Bogenschützen sehr erfolgreich gegenüber den normannischen Pferden. Bei Brémule im Jahre 1119 wurde ein französischer Kavallerie-Angriff von der von ihren Pferden abgestiegenen Armee Heinrich des I. abgeschmettert, und wieder spielten Bogen- oder Armbrustschützen eine wichtige Rolle dabei. Rebellische Aristokraten auf Pferden griffen 1124 bei Bourgthéroulde eine kleine Einheit von Heinrichs Leibgarde an. Letztere hatte ihre Bogenschützen ganz vorne platziert, mit Rittern zu Fuß als Unterstützung an ihrer Seite, während eine andere Truppe von Rittern, bereit für einen Gegenangriff, auf ihren Pferden blieb. Eine kleinere Truppe von berittenen Bogenschützen wurde an der linken Seite vorausgeschickt, um auf die rechte, ungeschützte Seite des Feindes zu schießen. Vermutlich stiegen sie dabei von ihren Pferden ab. Das Ende der Geschichte war, dass die erfahrenere Gardetruppe einen eindeutigen Sieg errang.

Wenn die Ritter in ihrer typischsten Art und Weise in der Kavallerie kämpften, dann gingen sie immer noch in kleinen, zusammenstehenden „conroi"-Einheiten vor. Die Angewohnheit, die Pferdezügel um den Sattelknauf zu wickeln, zeigt, dass die so genannten „Schocktaktiken" mit der angelegten Lanze sogar noch wichtiger als vorher waren. Außerdem kam es kaum noch vor, dass ein Kavalle-

Außen- und Innenhofansicht von Schloss Chambois. Im Gegensatz zu einigen rechteckigen Anlagen der Normannen war dieses Schloss, das sich nahe der südlichen Grenze der Normandie befindet, eher zweckmäßig denn komfortabel angelegt worden.

rist keine Rüstung trug. Der klassische „tourney" oder Turnierwettkampf aus dem 12. Jahrhundert ähnelte immer noch stark der tatsächlichen Kriegsführung, da „conrois" von Rittern in einem Handgemenge gegeneinander kämpften. Das hieß jedoch nicht, dass jeder das tun konnte, was er wollte, im Gegenteil, die Kavallerie-Einheiten mussten verschiedene Manöver befolgen und manchmal auch mit Infanteristen zusammenarbeiten, die z.B. aufgebrochene „conrois" an den Flanken erstürmten.

Auch wenn es sich bei der normannischen Infanterie nicht um einen wilden Haufen handelte, so war sie doch nicht so gut organisiert wie die professionell funktionierenden Einheiten der Kavallerie. Die Infanterie schützte ihre Flanken wahrscheinlich mit natürlichen Hindernissen wie Flüssen, Wäldern oder Sümpfen. Auf dem offenen Land bediente man sich rechteckiger Kampfformationen, die inzwischen zur Tradition gehörten. 1174 musste in Rouen ein Schutzgraben gefüllt werden, so dass eine Formation von 200 Infanteristen vorrücken konnte. Insgesamt schien die Armee aus 5000 bis 6000 Männern in drei Armeekorps à 12 Reihen zu bestehen. Leichte Infanterie, mit Bogen, Speeren und Spießen bewaffnet, tauchte in gewissen Kampfabschnitten wieder auf. Zu ihren Aufgaben zählte es, ein Gefecht auszutragen oder die Flanken der Haupttruppe zu beschützen. Manchmal agierten sie als beinahe autonome Einheiten.

Verbesserungen im Armbrustbau waren ein wichtiger Beitrag zur Kriegsführung des 11. bis 13. Jahrhunderts. Ab Heinrich I. wurde diese Waffe in normannischen Gebieten sehr populär. Verglichen mit einfachen europäischen Handbogen, konnte man mit Armbrüsten genauer treffen. Außerdem besaßen sie eine größere Reichweite, eine niedrigere Flugbahn und eine beträchtlich größere Durchschlagskraft. Ihr einziger Nachteil lag in der Ladezeit begründet. Dies war sogar noch bei späteren und moderneren Armbrüsten der Fall, die mit Hilfe einer Winde oder Kurbel gespannt wurden. Frühe Typen wurden hauptsächlich manuell gespannt. Schließmechanismen bestanden zunächst alle aus Holz, aber einige wurden später aus Horn mit einem immer noch ungefederten Eisenauslöser angefertigt. Die Ladebügel des späten 11. Jahrhunderts wurden mit einer Sehne oder einem Strick befestigt. Irgendwann im späten 12. Jahrhundert gab es dann einen Gurt mit Ladehaken. Die ersten Armbrüste waren außerdem groß und schwer. Die eigentliche Bogensehne musste um bis zu 90 cm zurückgezogen werden, bei stählernen Armbrüsten aus dem 15. Jahrhundert waren es nur noch 20 cm. Da man schließlich aus Horn, Holz, Walknochen und Sehnen zusammengesetzte Bogen verwendete, erhielt man eine kleinere und umso effektivere Waffe. Diese Erfahrung hatte man zuvor in Süditalien, Sizilien und im Mittleren Osten gemacht.

Die Zitadelle von Caën, deren Mauern von William dem Eroberer 1060 erbaut wurden.

Die Normandie besaß wenige natürliche Abwehrgrenzen, folglich war eine gute Verteidigung von großer Wichtigkeit. Ummauerte Städte wie Verneuil, Tillières und Nonancourt am Fluss Avre wurden primär als Verteidigungsbasen errichtet. Die zahlreichen anderen Burgen, die als Standort einer Garnison dienten und voll ausgerüstet waren, überblickten Furten und andere verwundbare Punkte.

Im Süden hatte die Region Anjou an Größe und Macht gewonnen. Sie stellte nun eine direkte Bedrohung für die Normandie dar, und zwar immer dann, wenn ihre Interessen mit denen des französischen Königs kollidierten. Eine Hochzeitsallianz zwischen Frankreich und Anjou schien dieses Problem zu lösen, obwohl dies schließlich zu einer Übernahme des gesamten normannischen Königreiches durch die Angeviner führte. Dieser Prozess wurde mit dem Tod von Heinrich I. in Gang gesetzt. Bürgerkrieg brach zwischen den Anhängern seiner Tochter Matilda, der Frau von Geoffrey von Anjou, und seinem Neffen Graf Stephan von Boulogne aus. Die Übernahme durch die Angeviner begann mit Geoffreys Eroberung der Normandie im Jahre 1144. Hier stellte er die Machtbefugnisse des Herzogs wieder her, während die Administration von Anjou entsprechend den überlegenen normannischen Konzepten neu geregelt wurde. Nach Geoffreys Tod im Jahre 1151 erbte sein Sohn Heinrich (der bereits Herzog der Normandie war) Maine und Anjou, erhielt Aquitanien durch eine Hochzeit und wurde, als Stephan 1154 starb, König von England, Heinrich II.

Nun erstreckte sich das Angeviner-Reich von Schottland bis zur spanischen Grenze, und die Normandie bildete die Stütze dieses weitläufigen Imperiums. Unter Heinrich II., Richard I. und John erstarkten die Verbindungen zwischen England und der Normandie wieder. Die Ländereien der Herzöge wurden als „bailiwicks" rund um wichtige Festungen neu gruppiert. In die Hände der normannischen „seneschals" legte man eine beträchtliche Militärmacht, und eine solche wichtige Position erhielten nur die

„Wächter bei der heiligen Grabstätte", Kupferrelief, englisch, ca. 1140-50. (Burrell Coll., Glasgow)

fähigsten und loyalsten Männer unter den Anhängern des Königs.

So war es natürlich nicht verwunderlich, dass diese Entwicklungen den französischen König in Alarmbereitschaft versetzten, da seine Territorien nun faktisch - wenn auch nicht legal - viel kleiner als die der angevinischen Dynastie waren. Ein neuer König von Frankreich, der kluge und skrupellose Philip, sollte dazu bestimmt sein, die Macht der Angeviner zu brechen.

Sein offensichtlichstes Ziel war die Normandie, ein Gebiet, das Paris vom Kanal abschnitt. Streitigkeiten über den Besitz des Vexin-Gebietes im Seine-Tal waren in sich schon ernst genug, aber sie führten auch zur finalen Kraftprobe. Richard I., auch als Richard Löwenherz bekannt, verteidigte die Normandie mit großem Erfolg, obwohl er dabei wahrscheinlich auch viele finanzielle und militärische Ressourcen verschwendete. Sein Bruder John trat ein weitaus schwereres Erbe an. Zum einen waren die angevinischen Kräfte über das riesige Reich verstreut. Zum anderen genoss John bei der normannischen Kriegerklasse kein so hohes Ansehen wie sein Bruder, der auf vielen Kreuzzügen gedient hatte. Außerdem fühlten sich die normannischen Aristokraten von der aufblühenden Kultur in Paris und der Verehrung des Rittertums, der Poesie und der höfischen Liebe angezogen. Viele murrten noch immer über die Macht der Angeviner, und John fühlte sich von einigen

Das so genannte „Schatzhaus“ innerhalb der Zitadelle von Caën mit dem Verteidigungsgraben im Vordergrund. Das Gebäude stammt aus der Regierungszeit von Heinrich I., aus dem 12. Jahrhundert und war die große Halle des herzoglichen Palastes.

führenden Baronen im Stich gelassen. Die angevinische Problematik rührte auch von der Brutalität Richards und Johns Söldnern her, vor allem da die meisten Gefechte auf normannischem Boden ausgetragen wurden. Der französische König nahm sogar dieselben Rechte wie die normannischen Herzöge wahr, indem er Schlösser stürmte und behauptete, dass er als legitimer Souverän der Herzöge auch befugt sei, jede Festung einzunehmen, die er wollte.

Der Krieg zog sich schleppend bis ins Jahr 1202 hin, als Philip eine Serie von größeren Attacken startete - auf die Bretagne, Teile von Poitou, Touraine, Anjou, Maine, und im Frühjahr 1204 auch auf die Normandie, die in der Folge fiel.

Später, während des Hundertjährigen Krieges, wurde dieses Gebiet wieder von den Engländern beherrscht, aber 1204 konnte man tatsächlich behaupten, dass zum ersten Mal seit 300 Jahren die Normandie wieder in französischen Besitz übergegangen war. Die Konsequenzen waren für diejenigen, die es betraf, weniger klar umrissen. Viele anglo-normannische Barone besaßen Ländereien auf beiden Seiten des Kanals. Einige erwiesen beiden Königen ihre Ehrerbietung, doch die meisten blieben in England. So verlor die Normandie einen Großteil ihrer führenden

Aristokratie und konnte deshalb umso leichter von Frankreich einverleibt werden. Nichtsdestotrotz suchten die normannischen Ritter noch viele Jahre lang nach einer Beschäftigung in den angevinischen Gebieten.

DIE NORMANNEN IN GROSSBRITANNIEN UND IRLAND

In den Jahren nach 1066 fand zwar eine stetige Weiterentwicklung bestehender Militärstile statt, in Britannien aber wurde man Zeuge einer militärischen Revolution. Herzog Williams Invasion und die Eroberung Englands zählten zu den erstaunlichsten militärischen Großtaten, doch diese Expedition war nicht nur eine normannische Angelegenheit. Sie zog Freiwillige aus ganz Frankreich und darüber hinaus an, viele von ihnen ließen sich anschließend in England nieder. Der Plan war nicht sonderlich ausgeklügelt, aber die Strategie des Herzogs zeugte von einem wirklichen Verständnis der geopolitischen Situation. William war offensichtlich in der Lage, eine Gelegenheit beim Schopf zu packen, wenn sie sich ihm bot.

Harold und seine Armee wurden in einen anstrengenden Marsch in den Süden gelockt und gerieten dort in eine verfrühte Verteidigungsschlacht. Williams Armee demonstrierte dann - wenn auch nicht ohne Schwierigkeiten - die Überlegenheit der normannisch-französischen kombinierten Kavallerie- und Infanterie-Taktiken über die germanisch-skandinavischen Infanterie-Traditionen der Angelsachsen. Offensichtlich befand sich das Anlegen der Lanze noch in der Entwicklungsphase, doch Speere wurde auf verschiedene Art und Weise bei Hastings benutzt. Nur selten schleuderte man diese Waffen, vielmehr waren nach unten gerichtete Stöße und andere Techniken die Regel. Die meisten Beweise dafür liefert uns der Teppich von Bayeux, der zwar nicht von englischen Näherinnen entworfen, aber doch angefertigt wurde. Der Teppich zeichnet jedoch ein genaueres Bild von den Angelsachsen als von den normannischen Kriegern.

Das Château Gaillard überblickt die Seine. Das Schloss wurde 1196 von Richard I. gebaut, um die Normandie vor dem französischen König zu schützen.

Das Maß an Kontinuität in englischen Militärsystemen nach 1066 ist immer noch umstritten, aber die militärische Struktur des anglo-normannischen England war anders. Die Kavallerie z.B. bestand nicht nur aus Männern der oberen Ritterklasse, die Land besaßen. Auch wirkte sich der Feudalismus nicht in allen Gebieten gleich aus. Militärische Belastungen waren ungleich verteilt, so fielen sie in den Gebieten, die am ehesten erobert wurden, naturgemäß am härtesten aus. Zunächst waren die Garderitter ohne Landbesitz die am schnellsten zur Verfügung stehenden Kräfte. Erst nachdem das Gebiet nach einer Eroberung gesichert war, ließen sie sich nieder und erhielten „fees" d.h. Lehen. Sogar noch in der Mitte des 12. Jahrhunderts spielten die Ritter ohne Landbesitz eine wichtige Rolle in verwundbaren Grenzgebieten.

Eine der bemerkenswertesten Veränderungen im englischen Militärsystem war die stetige Emigration der angelsächsischen Militärelite, vor allem jener Generation, die au den Sieg bei Hastings folgte. Jüngere Krieger machten sich keine großen Hoffnungen auf ein Vorankommen in einem von ihren Eroberern dominierten England. Auch wenn es keinen Widerstand mehr gab, so bleiben diese Männer doch immer noch eine Bedrohung für die Sicherheit der Normandie, und deshalb wurde ihr Weggang von William dem Eroberer und seinem Sohn, William II., willkommen geheißen. Einige Angelsachsen wanderten in den späten 1060er-Jahren nach Dänemark aus, und diese Emigration setzte sich die ganzen '70er- und '80er-Jahre hindurch fort. Viele von ihnen zogen von Skandinavien aus weiter durch Russland nach Konstantinopel, wo sie der berühmten Varangianischen Garde beitraten. Dort bildeten die Engländer einen großen, wenn nicht sogar den Hauptbestandteil der Wache des byzantinischen Kaisers. Man vermutet, dass um das Jahr 1075 herum eine große Gruppe von Rittern unter Graf Sigurd direkt zu den östlichen Mittelmeerländern gesegelt war. Der Großteil von ihnen wollte nicht nur als Wächter dienen, so dass sie in den Norden geschickt wurden, um die verlorene byzantinische Provinz Cherson auf der Insel Krim zurück zu holen. Man nimmt an, dass sie sich dort mit der gotischen Gemeinde vermischt haben, die das große Zeitalter der germanischen Völkerwanderungen überlebt hatte und mit denen sie - laut Saga - ein anderes Nova Anglia (Neu-England) in Südrussland gegründet haben.

Zurück nach Großbritannien: Der Weggang der alten Aristokratie führte nicht zur völligen Entmilitarisierung der Angelsachsen. Die militärische Kraft in England war immer noch hoch. Wenn nötig standen 5000 bis 7000 Mann zur Verfügung, und die Normannen machten immer wieder davon Gebrauch. Englische Infanteristen wurden oft von den erfahrenen normannischen Soldaten gedrillt, besonders dann, wenn sie gegen Kavallerie antreten mussten - doch anscheinend besaßen sie eine schnelle Auffassungsgabe. Hier war die stärkste militärische Kontinuität zwischen der angelsächsischen und der normannischen Zeitepoche festzustellen. Die Basis anglo-normannischer Armeen war ganz unterschiedlichen Ursprungs, es gab Männer von adliger Herkunft, assimilierte Engländer und Abenteurer aus vielen anderen Regionen.

Dank der Normannen stieg das Ansehen des Bogens als Kriegswaffe, und im 12. Jahrhundert war er vermutlich zum wirkungsvollsten Werkzeug bei der Verteidigung Nordenglands gegen schottische Aggressoren geworden. Englischer Einfluss auf die Kavallerie erscheint unwahrscheinlich. Die Tatsache, dass das angelsächsische Wort „cniht“ (knight = Ritter) im Gegensatz zum französischen Ausdruck „chevalier“ bevorzugt benutzt wurde, um einen berittenen Berufssoldaten zu beschreiben, spiegelt eher die Anglisierung der normannischen Elite als jeglichen militärischen Einfluss wider. Der kulturelle Einfluss der Angelsachsen auf die anglo-

Die große Halle im Hedingham Castle wie sie heute aussieht. Hier findet sich der größte normannische Bogen Europas.

normannische Krieger-Aristokratie fand nicht vor der Regierungszeit von William II. statt. Neue Modetrends - einschließlich langer Haare, Schnurr- und Vollbärte - entsetzten die ältere Generation und die Kirche, die sich darüber beklagten, dass ihre Jüngsten nun wie Mädchen und völlig verweichlicht aussähen. Tatsächlich stammten diese angelsächsischen Modetrends von den zuvor verachteten „langhaarigen Söhnen der nördlichen Welt“.

Der alte angelsächsische Begriff für ein militärisches Aufgebot, „ferd“, blieb weit verbreitetet im Gebrauch und fand sich Ende des 13. Jahrhunderts noch immer in Aufzeichnungen aus Nordengland. Die Institution selbst überstand die Eroberung als eine Art Miliz, die in Notfällen mobilisiert werden konnte. Sie gewann sogar zeitweise an Bedeutung, als viele kleine Raubüberfälle von Wales oder Schottland aus, eine groß angelegte Invasion aus Skandinavien und bedrohliche Attacken von der Normandie her die anglo-normannischen Ritter vollauf beschäftigt hielten. Trotzdem war der Dienst in der „ferd“ keine Pflicht, der jeder nachkommen musste. Sie betraf nur eine ausgewählte Gruppe von wohlhabenderen Kleinbauern. Die anglo-normannische Armee bestand nicht primär aus Rittern, und die „ferd“ war sogar jeweils des Kanals in der Normandie aktiv, aber fehlende militärische Übung erwies

Westansicht von Dirleton Castle, im 13. Jahrhundert von der schottisch-normannischen Familie Vaux erbaut. Die oberen Gebäude stammen aus dem 14. und 15. Jahrhundert.

den von nun an allerdings von anderen Pflichten in Anspruch genommen.

Dass die Ritter immer weniger ihren militärischen Pflichten nachkommen konnten, sobald sie Land besaßen, machte sich vor allem im frühen 12. Jahrhundert in England bemerkbar. Solche Ritter zählten schnell zur lokalen Oberschicht, die für das ländliche England charakteristisch war. Wenn der König Soldaten benötigte, dann musste er entweder auf die Leibgardetruppen seiner führenden Barone, auf seine eigene, zahlenmäßig begrenzte Garde oder auf Söldner zurückgreifen. Viele dieser Söldner besaßen auch Land, doch ihr Besitz war so klein, dass sie auf ein zusätzliches Einkommen als Soldaten angewiesen waren. Manche waren Ritter, andere einfach nur Soldaten. In den Herrschaftszeiten von William dem Eroberer und William II. schienen die meisten Ritter arm gewesen zu sein und in der Kavallerie gedient zu haben; als Heinrich I. regierte, gab es hingegen auch Söldner, die Serjeanten waren.

Während des Bürgerkrieges zwischen Stephan und Matilda wurde das Land von Söldnern überflutet. Meistens handelte es sich hierbei um Infanteristen aus England, den keltischen Staaten und vom Kontinent. Unter Stephan und Heinrich II. gab es so viele Söldner, dass sie eine professionelle Streitmacht bilden konnten, bei der einige Einheiten auf der Basis ethnischer Herkunft zusammengestellt waren: Bretonen, Brabanter, Spanier und Männer von der walisischen Grenze. Einige waren Militärspezialisten, wie z.B. Belagerungspioniere oder Speermänner, die gelernt hatten, in der Kavallerie zu kämpfen. Als Berufsarmee konnte man sie auch für ungewöhnliche Operationen wie z.B. Attacken im Winter einsetzen.

Die anglo-normannische Kriegsführung zeichnete sich durch einige ehrgeizige und anspruchsvolle Strategien aus. Man schnitt neue Wege durch Wälder, so dass die Armee in der Lage war, Schlösser zu umgehen und das feindliche Herzland direkt anzugreifen. Eine Flotte war auch in der Lage, mit einer Landstreitkraft zusammenarbeiten, was besonders während der Angriffe auf Nordbritannien der Fall war. Überhaupt war die anglo-normannische Flotte eine ziemliche imposante Streitmacht. Viele Häfen dienten schon als „Wächter des Meeres", noch bevor die berühmten Cinque Ports (Fünf Häfen) im südöstlichen England entstanden. Ihre Schiffe waren zumeist mit „piratae" bemannt, ein Begriff der ursprünglich für kampferfahrene Seeleute benutzt wurde. Solche Flotten waren sogar dazu fähig, eine Blockade des Englischen Kanals, die auf Grund der Bedrohung aus der Normandie errichtet wurde, zu attackieren. Anhaltende „Untergrund"-Kriegsführung war normalerweise auf das walisische Grenzgebiet beschränkt, doch man konnte sie auch im sumpfigen Fennland in Ostengland erleben.

Die keltischen Nationen

Die Rolle, die die Normannen in den anderen Volksgemeinschaften Britanniens oder Irlands gespielt haben, ist weniger gut bekannt. Sie war natürlich auch weniger wichtig, dennoch sollte der normannische Beitrag zur Geschichte der keltischen Staaten nicht ignoriert werden.

Wales z.B. konnte seine Unabhängigkeit während der gesamten angelsächsischen Herrschaftsperiode bewahren, verlor sie aber größtenteils, als die Normannen ins Land kamen. Es gab zwar nur wenige normannische Kolonien in den ländlichen Gegenden draußen in Pembroke, im weit entfernten Südwesten der britischen Insel, doch schon bald unterstanden die walisischen Fürstentümer dem anglo-normannischen König. Es schien den Normannen in vielerlei Hinsicht leichter als den Angelsachsen zu fallen, sich in das walisische Reich zu integrieren. Sogar schon zu jenem frühen Zeitpunkt, als die Waliser Heinrich I. als Ritter dienen mussten, Schlossherren waren und außerdem Burgen im normannisch kontrollierten Territorium besaßen. Waliser aus dem Süden halfen den Normannen 1114 dabei, in Nordwales einzumarschieren, und begleiteten wahrscheinlich noch im selben Jahr Heinrich I. nach Frankreich.

Nach dem Tod von Heinrich brach jedoch ein Aufstand los. Denn inzwischen hatten die Waliser das Kämpfen in der Kavallerie kennen gelernt und gewisse Dinge nach ihren eigenen Bedürfnissen modifiziert. So benutzten sie kleinere Pferde und niedrigere Sättel. Beinahe konnten sie die Eindringlinge überwältigen, doch die Rebellion schlug fehl, und danach wuchs der normannische Einfluss enorm, besonders im Süden von Wales. Sogar die traditionell epische Poesie war im späten 11. und 12. Jahrhundert betroffen, und man ging dazu über, englische Militärbegriffe wie auch die neuen Konzepte des Rittertums anzunehmen. Die Waliser kämpften weiterhin als Vasallen des Königs an der

Gälisch-irische Krieger auf dem aus dem 11. bis 12. Jahrhundert stammenden verzierten Behälter des Stowe Missal (Nationalmuseum, Dublin).

Seite normannischer Truppen, und waren so an den Kämpfen in Johns Regierungszeit intensiv beteiligt.

Obwohl die walisische Aristokratie Elemente des normannischen Kampfesstils und dabei verwendete Ausrüstungsgegenstände übernahm, änderten sich die Kampftechniken der gewöhnlichen Infanterie weniger. Der lange Speer entwickelte sich zur typischen Waffe des Nordens, während Pfeil und Bogen im Süden, vor allem in Gwent, sehr populär wurden. Ob es sich bei den zuletzt genannten Waffen um „Langbogen" oder die kürzen „Flachbogen" gehandelt hat, ist nach wie vor umstritten. So kann man auch nicht eindeutig feststellen, welche der beiden Waffen bei der schrittweisen Verbreitung des Bogens welche beeinflusst hat. Fest steht allerdings, dass der Bogen hauptsächlich im Krieg und weniger bei der Jagd benutzt wurde. Ferner bestand die Ausrüstung der Waliser aus Spießen, kleinen Schilden und relativ leichten Panzerhemden und Helmen.

Im Vergleich zu Wales fiel der normannische Einfluss auf Schottland in vielerlei Hinsicht ganz anders aus. Die Normannen haben niemals versucht, dieses nördliche Königreich zu erobern, da die Übernahme beinahe friedlich vonstatten ging. Einige Normannen hatten König Macbeth 1052-54 gedient, doch diese Männer waren alle bei Schlachten ums Leben gekommen. Vor 1100 kam überdies eine bewaffnete Kavallerie in Schottland kaum zum Einsatz, vielleicht abgesehen vom Flachland, den Lothians, einem Gebiet, das westlich und östlich von Edinburgh liegt.

Doch auch die alte keltische Art der Kriegsführung stand lange unter angelsächsischem Einfluss. Eine kleine Anzahl von Normannen half dem englisch gewordenen König Edward, eine keltische Rebellion im Norden und Westen gegen Ende des 11. Jahrhunderts niederzuschlagen, und 1114 gab es einige Normannen in der schottischen Armee, die auch in Richtung Süden marschierten, um Heinrich I. zu helfen. König Edgars Politik des Willkommenheißens der Normannen wurde von seinem jüngeren Bruder David fortgesetzt, der zunächst den Süden Schottlands regierte und so 1124 König wurde. Er war es, der seinen Freunden, den De Brus', große Besitztümer schenkte. Diese Familie stammte aus Brix, von der französischen Halbinsel Cotentin, und übernahm später unter dem Namen Bruce eine führende Rolle in der schottischen Geschichte. Die gesamte schottische Lebensart schien sich zu verändern, nachdem das nördliche Königreich von Alban das „walisische" Strathclyde und den angelsächsischen Südosten Schottlands erobert hatte.

König David I., der auch große Ländereien im Herzen Englands besaß, formte Schottlands Administration entlang der anglo-normannischen Linien bewusst um. Er er-

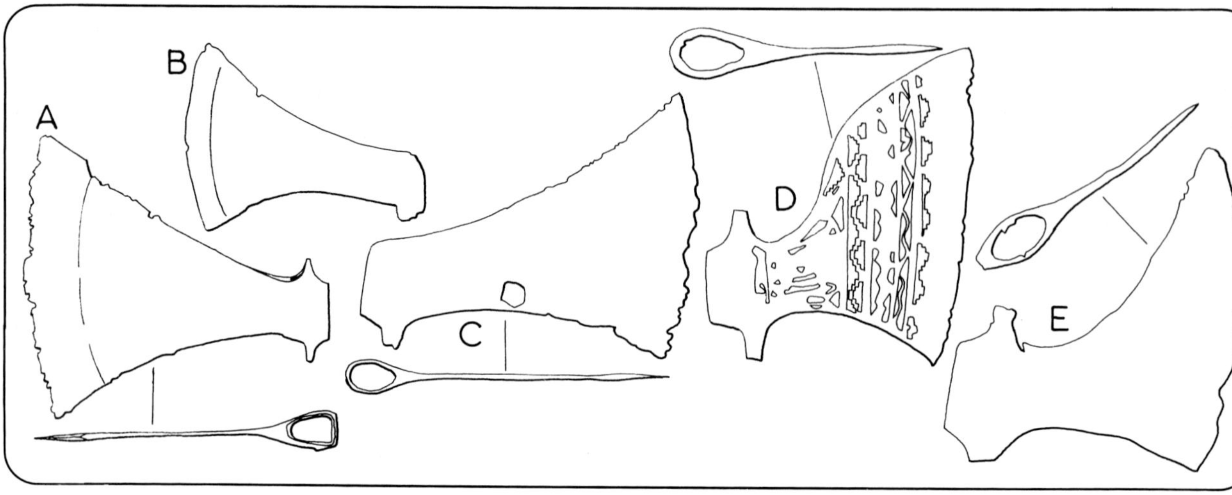

Die Entwicklung der Kriegsaxt in den Randgebieten der normannischen Welt: A = aus Caerlaverock, anglo-schottische Grenze, ca. 1050-1100 (Burgh Mus., Dumfries); B = aus Lumphanan, Aberdeenshire, 12. Jh.? (Mus. Of Antiq., Edinburgh); C = Irisch, 12. Jh.? (Ulster Mus., Belfast); D = wahrscheinlich hebridisch, aus dem County Mayo, 13. Jh.? (Nat. Mus., Dublin), E = Irisch, aus dem County Derry, 13. Jh.) (Nat. Mus., Dublin)

mutigte die Normannen, in den Norden zu kommen, indem er ihnen hohe Offiziersposten gab, was wiederum seine neue, feudale Struktur stärkte. Chartas verkündeten schon bald den Dienst von Rittern, berittenen Serjeanten, berittenen und zu Fuß marschierenden Bogenschützen. Entlang der Westküste der Insel kam eine besondere Variante des Feudalismus auf: Jeder, der als Ruderer auf einem Langschiff diente, erhielt dafür Land. Es gab viele solcher Kompromisse zwischen dem keltischen und normannischen System. Südlich oder zentral gelegene, befestigte königliche Städte, „burghs", wurden von Engländern, Flamen, Normannen, Anglo-Dänen und natürlich Schotten bewohnt. Ältere Formen loyaler oder ähnlicher Gruppierungen traten später als Clans auf, die aus den westlichen Highlands kamen, während im Nordosten die keltische Führung nur überleben konnte, indem sie sich selbst in eine feudale Aristokratie verwandelte. Tatsächlich mussten die normannischen Neuankömmlinge sich ihren Weg in die bestehenden Machtstrukturen erarbeiten. Nichtsdestotrotz ist es interessant festzustellen, dass die schottischen Herrscher aus dem 12. Jahrhundert, je nach Wichtigkeit ihre „französischen, englischen, schottischen, walisischen Untertanen sowie jene aus dem schottischen Distrikt Galloway" ansprachen. Auch wenn die „Normannisierung" Schottlands im Grunde friedlich ablief, gab es genügend einheimischen Widerstand - in kultureller und physischer Hinsicht. Viele Aufstände richteten sich gegen die Herrscher und ihre „ausländischen Freunde", besonders gegen die aus dem Norden und Westen. Alle Rebellionen wurden niedergeschlagen, als immer mehr Schlösser, über das ganze Land verteilt, gebaut wurden. Die Schlösser waren von einfacher Art und oft aus Holz gebaut, mit Palisadenhügel und Außenmauer. Im späten 13. Jahrhundert tauchten Schlösser aus Stein auf. Viele wurden von Mitgliedern der neuen, Französisch sprechenden schottisch-normannischen Aristokratie errichtet, so wie von der De Vaux-Familie, die Dirleton Castle in Ost-Lothian errichtete.

Dirleton überblickt die Große Straße des Nordens. Dies war ein wichtiger Gewinn für die Kriegsführung in Grenznähe, allerdings war im 11. und 12. Jahrhundert die angelsächsische Grenze nicht so fest in den Köpfen der beiden Nationen verankert, wie es später der Fall sein sollte. Viele Schotten, nicht zuletzt auch der König, glaubten, dass die römische Grenze, der Hadrianswall, die südlichste Grenze sein sollte. Während der ereignisreichen Jahre nach der Eroberung Englands durch die Normannen sorgte der schottische König Malcolm nicht nur für eine größere Unabhängigkeit Schottlands von der Oberhoheit Englands, sondern zog auch Richtung Süden, wo er die Gälisch und Skandinavisch sprechenden Gebiete Nord-Cumbriens in der Gegend von Carlisle besetzte. Dieses Gebiet bildete früher einen Teil des Königreiches von Strathclyde, der Rest davon war bereits eine Generation früher von Schottland einverleibt worden. Sogar die angelsächsischen Regionen des Südostens wurden 1018 eingenommen. 1093 schlugen die Anglo-Normannen zurück, indem sie ihren Vasall Duncan auf den schottischen Thron setzten. Der neue König schwor aus Dankbarkeit William II. von England die Treue.

Als die Schwierigkeiten Englands während des Bürgerkrieges zwischen Stephan und Matilda ihren Höhepunkt erreichten, übernahmen die Schotten über den Rest von Cumbrien und sogar über Teile von Northumberland die Kontrolle. Aber drei Jahre nachdem er an den Thron gekommen war, holte König Heinrich II. sich Northumbrien wie auch Cumbrien und Carlisle zurück. Anschließend war die Grenze relativ stabil, doch Raubüberfälle - offiziell tolerierte und andere - waren in bestimmten Gebieten noch Jahrhunderte lang verbreitet. Das waren andere Verhältnisse als in Südengland und der Normandie. Hier waren Schnelligkeit und das Beutemachen gefragt. Kriege mussten sich selbst finanzieren. Daher hatte man es primär auf Vieh, Gefangene zum Versklaven oder für Lösegeldforderungen, Ausrüstung jeglicher Art - zumindest galt dies für die Schotten - und auf alles, was aus Eisen war, abgesehen. Anglo-normannische Taktiken und Ausrüstung glichen denen im Süden, allerdings war Letztere leichter, und im Gefecht verließ man sich hauptsächlich auf Bogenschützen. Die schlechtere Ausrüstung der Schotten, ihr Mangel an Bogenschützen und das Fehlen einer nennenswerten modernen Kavallerie führten dazu, dass man sich auf eine große Anzahl von Infanteristen mit Speeren und eine sie begleitende Elite von Axtträgern verließ. Die alte wikingische Axt hatte in Schottland ein langes Leben. Aus ihr wurde im 13. und 14. Jahrhundert die berühmte langstielige Jeddart-Axt. In den westlichen Highlands entwikkelte sich diese beliebte Waffe in die so genannte Galloglach-Axt weiter, die vor allem auf den Hebriden und in Irland verbreitet war.

Irland

Der normannische Einfluss auf Irland war wieder anders. Ähnlich wie im Falle Schottlands, veränderte Irland sich unter dem Einfluss Englands, noch bevor die Normannen ins Land einmarschierten. Es gab zwar noch keinen Feudalismus, doch die Stammesgesellschaft aus frühen Jahrhunderten existierte auch nicht mehr. Viele kleine irische Höfe imitierten die Lebensart der anglo-normannischen Höfe. Und so stand Irland auf kulturellem Gebiet keinesfalls isoliert dar. Der Handel der irischen Häfen lag größtenteils in den Händen der kelto-skandinavischen „ostmen“. Die wikingischen Traditionen schlugen sich außerdem stark in der Bewaffnung und der militärischen Organisation Irlands im 11. und 12. Jahrhundert nieder.

Wie so oft waren die ersten Normannen, die Irland erreichten, Söldner. Sie kamen wahrscheinlich in Form einer gut ausgerüsteten Infanterie, die die landeigene leichte Kavallerie unterstützen sollte. Letztere bildete, obwohl die Krieger zu Pferd keine Steigbügel verwendeten, die Hauptstreitmacht irischer Kampfverbände. Viele irische Krieger kämpften ohne Rüstungen. Sie benutzten kurze Speere, Spieße oder breitblättrige Äxte skandinavischer Art. Außerdem tauchten bronzene Keulen im 12. Jahrhundert auf. Es gibt in den irischen Annalen zahlreiche Beschreibungen der Normannen als „graue Fremdlinge“ in

„Zentaurischer“ Bogenschütze, der einen konischen Nasalhelm trägt. Das Tympanon aus dem späten 12. Jh. weist normannische Einflüsse auf, Cormac's Chapel, Cashel, Irland.

eisernen Rüstungen, obwohl die Bogenschützen gefürchteter als die Kavallerie waren.

Die Invasion selbst begann mit der Rekrutierung normannischer und flämischer Truppen aus Südwales durch Dermot, König von Leinster. Diese Männer riefen ihren eigenen König, Heinrich II., um Hilfe und warteten ab, bis dieser 1171 ankam. Heinrichs Absicht, sich selbst in der Angelegenheit zu engagieren und dies als Kreuzzug zu tarnen, war vermutlich sorgfältig geplant, um die Aufmerksamkeit des Papstes vom Mord an Thomas à Becket, Erzbischof von Canterbury, abzulenken. Anschließend eroberten die Normannen Teile Ost-Irlands, doch sie schafften es nie, die ganze Insel zu unterwerfen.

Eines ihrer Hauptprobleme bestand in den großen Unterschieden zwischen der normannischen und irischen Kriegsführung. Dies führte zu einer Art Pattsituation. Während die Normannen darum kämpften, Land und Leute zu beherrschen, ging es den irischen Einheimischen nur um die Bewohner. Das Land litt unter starker Unterbevölkerung und zumindest im Norden waren die Einwohner halbe Nomaden, die einen sehr ländlichen Lebensstil führten. Ihr ganzer Reichtum bestand aus Vieh. So wäre es kontraproduktiv gewesen, zu viele dieser Viehzüchtern zu töten. Statt dessen verwüstete, plünderte und zerstörte man das Land - wenn auch nur bis zu einem gewissen Grad -, um Gehorsam und Tributzahlungen zu erpressen. Außerdem konzentrierte man sich darauf, Vieh mit nur geringen Verlusten zu erbeuten. Wenn die Normannen versuchten, an ein Stück Land der Iren zu kommen, dann zerstörten diese zuvor ihre eigenen Häuser, verbrannten ihre Ernten und wanderten in ein anderes Gebiet aus. Die Normannen rächten sich, indem sie gälische Anführer dazu zwangen, solche Flüchtlinge auszuliefern und Ausländer zu ermutigten, das verlassene Land neu zu besiedeln. Die Iren antworteten darauf mit konzentrierter „Untergrund"-Kriegsführung in Sumpfgebieten und Wäldern, wo die Vorteile der normannischen Technologien auf ein Minimum reduziert waren. Im 13. Jahrhundert wurde der irische Widerstand durch Axtkrieger aus dem Westen Schottlands und den Hebriden verstärkt. 1290 erstmals als „gall óglach", „fremde Krieger", bezeichnet, hatten diese vermutlich mindestens bereits 50 Jahre in Irland gedient.

In den von den Anglo-Normannen eroberten Gebieten änderte sich die gesamte Gesellschaftsstruktur. Der Feudalismus wurde, begleitet von seinen militärischen Systemen, mit Gewalt durchgesetzt. Zunächst auf Basis eines Militärdienstes, der bald auf breiter Front zum Dienst am König umgewandelt wurde. Dieser ermöglichte es dem Herrscher, Söldner anzuwerben und zu bezahlen. In einige Gebieten erhielt der König dabei mehr Ritter als ursprünglich angefordert waren. Leinster z.B. bekam 180 von ihnen, obwohl nur 100 verlangt waren. Hierin lag ein großer Vorteil, der das militärische Potenzial eines feudalen Lords steigerte. Bei den meisten Rittern und Pächtern handelte es sich um Neuankömmlinge aus England oder Wales. Viele entlassene Söldner wurden ebenfalls ermutigt, sich in den neuen Städten, die eigentlich nicht viel größer als Dörfer waren, anzusiedeln.

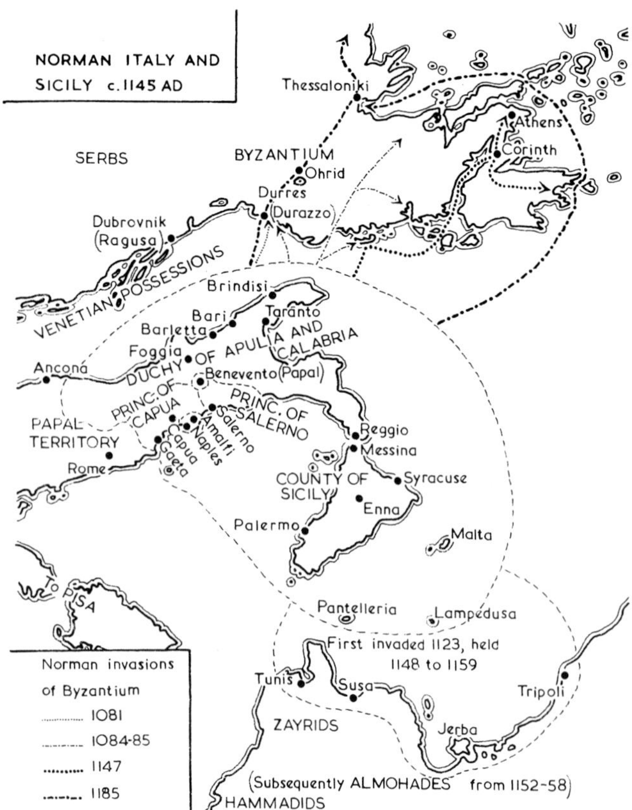

In beinahe jedem normannischen Rittergut errichtete man hölzerne Festungen, doch diese waren schon bald wieder verlassen, bis auf diejenigen entlang der Grenze zwischen dem anglo-normannischen und gälisch-irischen Gebiet.

Innerhalb des anglo-normannischen Gebietes kam es zu zahlreichen Mischehen zwischen der alten und neuen militärischen Aristokratie. Die skandinavischen „ostmen" existierten auch weiterhin als kriegerische Bürgerklasse in den Küstenstädten. Die Kluft zwischen dem feudalen, anglo-normannischen Gebiet und dem gälischen wurde größer, als sich der normannische Eroberungsdrang verlangsamte und schließlich zum Stillstand kam. Und hauptsächlich entlang dieser Grenze kam es dann zu kriegerischen Auseinandersetzungen.

Die Gebiete unter anglo-normannischer Herrschaft erlebten außerdem einen Wirtschafts- und Bevölkerungsboom, eine erhebliche Ausweitung der Landwirtschaft und eine echte soziale Revolution, die Irland zum ersten Mal in den Hauptfokus der europäischen Geschichte brachte. Die Städte expandierten, vor allem die Häfen, und der Handel florierte. Schon bald exportierte Irland seine leichten und schnellen Pferde, und das nicht nur nach England, sondern auch auf den Kontinent. Bereits zwei Generationen nach der Ankunft der Normannen, entsandte das feudale Irland seine Truppen nach England, Wales und Frankreich, um für den anglo-normannischen König zu kämpfen. Ulster und Kildare erlebten sogar das Heranwachsen kleiner Eisenindustrien, die allerdings hauptsächlich auf Burgen beschränkt waren. Die Auswirkungen solcher Entwicklungen waren auch jenseits des Gebietes unter anglonormannischer Kontrolle, in den gälischen Regionen, zu spüren.

In allen keltischen Ländern war die normannische Besetzung, ob sie nun auf kriegerischem oder friedlichem Wege erfolgt war, unvollständig geblieben. In Wales behielt das nördliche Herzogtum von Gwynedd seine Freiheit, bis die Angeviner kamen. In Schottland führte die Normannisierung nicht zur politischen Kontrolle durch England. In Irland deckte das anglo-normannisch eroberte Gebiet weniger als die Hälfte des Landes ab. Natürlich lag dies teilweise am lokalen Widerstand, doch war es auch Resultat politischer Entscheidungen der normannischen Könige selbst. Viele ihrer potenziell störendsten und sicherlich mächtigsten Barone saßen in den Grenzländern. Und was für einen besseren Weg hätte es gegeben, um sicher zu gehen, dass diese nicht zu mächtig wurden, als die keltischen Reiche einfach jenseits eigener Grenzen zu halten. Diese kleinen, aber kriegerischen Staaten benötigten nur wenig Geld und Beeinflussung, damit sie sich auf ihre normannischen Nachbarn stürzten, wenn diese dem König Ärger bereiten sollten.

DIE NORMANNEN IN ITALIEN UND SIZILIEN

Die ersten normannischen Söldner kamen 1071 in Süditalien an, um sich einer Revolte gegen die byzantinische Regierung anzunehmen. Zu dieser Zeit war das Gebiet in byzantinische Provinzen, autonome Küstenstadtstaaten und das unabhängige lombardische Herzogtum aufgeteilt. Inzwischen wurde Sizilien von arabischen Emiren regiert, die gelegentlich Tunesien oder Ägypten Gehorsam schuldeten. Ungefähr 12 Jahre später begannen die Normannen, sich rund um Aversa anzusiedeln, doch geschah dies nicht vor 1041, als eine Gruppe von Abenteurern unter Robert Guiscard in Eigenregie Eroberungen durchführte. Gegen 1059 beherrschten die Normannen große Teile von Apulien und Kalabrien, was auch vom Papst anerkannt wurde. 1071 fiel Bari und die byzantinische Regierung brach zusammen.

11 Jahre zuvor hatte die Invasion Siziliens begonnen, die nicht vor 1091 abgeschlossen war. Die verschiedenen eroberten Regionen wurden zunächst separat regiert, bis sie 1127 zu einem normannischen Staat vereint wurden, der 1130 als Königreich anerkannt wurde.

Es war kaum zu vermeiden, dass die Normannen in die Rivalität der Zirid-Fürsten aus Tunesien mit hineingezogen wurden. Frühe Expeditionen scheiterten, doch um das Jahr 1134 herum zog eine nachhaltige Invasion Vorteil aus internen ziridischen Streitigkeiten, und 1148 herrschten die Normannen über eine nordafrikanische Provinz, die sich vom Norden Tunesiens bis zum Golf von Sirte (Libyen) erstreckte, einschließlich der altertümlichen Stadt von Kairwan. Dieses „Reich" brach 1160 zusammen, was teilweise an der steigenden Macht der fundamentalistischen Almohades aus Marokko lag, und teilweise daran, dass das Herzland des normannisches Staates von byzantinischen Invasoren und vom deutschen Kaiser, der Norditalien regierte, bedroht wurde.

Einmal sah es so aus, als ob der normannische Ehrgeiz gegenüber der byzantinischen Welt von größerem Erfolg gesegnet sein würde. Und zwar deshalb, weil der kommerzielle Wettbewerb in den Mittelmeerländern wuchs. Invasion und Gegeninvasion erreichten 1185 ihren Höhepunkt, als eine Armee aus Siculo- (sizilianischen) Normannen Thessaloniki einnahm und innerhalb weniger Tage zur byzantinischen Hauptstadt Istanbul (Konstantinopel) vordrang. Doch die Männer machten wieder kehrt, und innerhalb weniger Jahre war das normannische Königreich auf Grund seiner sich streitenden Nachfolger selbst auseinander gerissen. 1194, nach Jahren des Bürgerkriegs und der Invasion, endete die normannische Herrschaft, als der Deutsche Kaiser Heinrich VI. von Hohenstaufen das Königreich besetzte. Dies war also die bewegende Geschichte des kultiviertesten Normannen-Staates, der streng nach den Traditionen aufgebaut wurde, die die Normannen begründeten, als sie im 11. Jahrhundert in dieses Gebiet vordrangen.

Diese Traditionen waren sehr vielfältig. Während arabische Truppen bei der vorangegangenen, muslimischen Eroberung Siziliens durch die Berber nur eine sekundäre Rolle spielten, übernahmen sie nun eine führende politische, kulturelle und militärische Rolle (sie kommandierten fast alle Streitkräfte). Folglich waren sie bei der Entwicklung der siculo-muslimischen Truppen von großer Wichtigkeit, deren Traditionen anschließend von den Normannen übernommen wurden. Unterworfene Truppen oder Armeen, die ursprünglich aus Sklaven und Söldnern bestanden, waren von großer Bedeutung, doch die Einführung des „iqta" (Lehen) und der regionalen „jund" (Miliz) brachte einige Aspekte des Feudalismus mit sich. Beides bestand unter den Normannen fort. Die „iqtas" wurden für die neue normannisch-christliche Elite mit geringem Aufwand und nur kleinen Änderungen in Lehen umgewandelt. Währenddessen versorgte das „jund"-System im Westen Siziliens, mit seinen territorialen Milizen, die verschiedenen „iqlims" oder Distrikten zugeordnet waren, die Normannen mit zuverlässigen muslimischen Kriegern.

Der häufige und enge Kontakt zwischen dem muslimischen Sizilien und Süditalien vor der Ankunft der Normannen führte zu ähnlichen militärischen Stilen in beiden Regionen. Während die süditalienische Bevölkerung unter byzantinischer Herrschaft zum größten Teil entmilitarisiert worden war, standen die normannischen Eroberer von Sizilien einer anderen Truppe von Soldaten gegenüber, die aus Arabern, Berbern, ortsansässigen Bekehrten und ande-

Die Burg von Roseto, eine der Verteidigungsanlagen an der kalabrischen Küste Italiens. Der niedrigere Teil der Burg stammt wahrscheinlich aus der normannischen Zeitperiode.

Ein Christ erschlägt einen „Heiden“: Relief aus dem frühen 12. Jahrhundert, Westfront San Nicola, Bari.

ren Gruppen bestand, die darauf vorbereitet waren, ihre bestehende politische Souveränität zu verteidigen. Später, nach ihrer Niederlage, kämpfte die alte militärische Klasse Siziliens für einen neuen, christlichen König.

Italiener, Byzantiner und Lombarden

Bevor wir uns den Normannen zuwenden, sollten wir einen Blick auf die Italiener und Byzantiner werfen und wie sie in diesen komplexen Militärkontext hineinpassen. Beide Gemeinschaften übten auf dem italienischen Hauptland und sogar auf Sizilien Einfluss auf die normannische Armee aus. Die Entmilitarisierung der einheimischen Bevölkerung unter byzantinischer Herrschaft fand eher in den ländlichen als den städtischen Gebieten statt. Als sich die byzantinischen „themes“ Langobardei (Apulien), Lukanien und Kalabrien wirtschaftlich entwickelten, entstand auch ein unabhängiger Verwaltungsapparat. Gegen 1040 löste man die Berufsarmeen der „theme“ auf, so dass nun örtliche Milizen hauptsächlich für die Verteidigung verantwortlich waren. Die alte Infanterie einigte sich schließlich mit den normannischen Invasoren und half ihnen, die byzantinische Regierung zu vertreiben. Lokale Milizen waren natürlich nicht unbedingt griechisch. Die Bevölkerung Kalabriens bestand vermutlich hauptsächlich aus Griechen, die von Lukanien war gemischt und die der Langobardei, mit Ausnahme des Griechisch sprechenden Fußzipfels Italiens, war größtenteils italienisch.

Ähnlich waren die Dinge in den Gebieten unter lombardischer Regierung gelagert, wo die Armeen einen starken byzantinischen Einfluss widerspiegelten. Die aufrührerischen, prä-normannischen Herzogtümer von Capua, Benevent und Salerno waren nicht feudalistisch organisiert und ihre Herrscher mussten sich wieder primär auf die städtischen Milizen verlassen. Schlösser auf dem Lande wurden von nicht-adeligen Truppen bewacht, die vom Schlossbesitzer rekrutiert wurden. Im Gegensatz dazu gab es bereits in Städten wie Nepal und Bari eine Klasse von Einwohnern, deren Status und militärische Pflichten so bedeutend waren, dass sie innerhalb weniger Jahre die Kontrolle übernahmen, und die Normannen ihre Kavallerie-Elite aus Rittern auflösen konnten. Andere Städte bauten solch eine Miliz gegen die Normannen auf - wie z.B. 1062 in Capua -, so dass die Eroberer den Schutz wichtiger Stadttore und Zitadellen in den Händen der Einheimischen ließen.

Außerdem wurden Reitertruppen von den mächtigen kirchlichen Herrschern und Landbesitzern ins Feld geschickt. Nichtsdestotrotz fielen die militärischen Pflichten, die kirchliche Herren ihren Lehnsherren auferlegten, geringer aus als die aus dem normannischen England. Viele dieser kirchlichen Truppen waren vermutlich auf die normale, westeuropäische Art und Weise bewaffnet und ausgerüstet. Man war auch wahrscheinlich in der Lage, sich teure und schwere Kavallerieausrüstung zu leisten, weil die kirchlichen Besitztümer feudalistischer organisiert waren als die nicht-kirchlichen. Nicht-kirchliche Milizen hingegen verfügten über einige Reiter in Rüstungen sowie leichte Kavallerie und zahlreiche Infanteristen.

Dies waren die militärischen Verhältnisse, in die die Normannen im 11. Jahrhundert so erfolgreich hinein stießen, und die sie schon bald erben sollten. Die Normannen besaßen natürlich auch vor allem Reiter in Rüstungen, so wie das bei ihnen oder ihren Vorfahren in der Normandie bereits der Fall war. Die Normannen waren nicht die einzigen Nordeuropäer, die von den Reizen Süditaliens angelockt wurden: Bretonen, Flamen, Poitevans und Männer aus Anjou werden auch in den Berichten erwähnt. Doch die Normannen waren zahlenmäßig überlegen und führten viele Kriegergruppen an.

In der Anfangszeit funktionierte ihre militärische Organisation eher auf gemeinschaftsorientierter, denn auf feudalistischer Basis. Die Krieger folgten lieber einem Anführer ihrer Wahl als einem Prinzen, der seinen Status vererbt bekommen hatte. Die später existierenden, feudalen Militärpflichten, die denen aus England und der Normandie ähnelten, sorgten dann für einen expandierenden normannischen Staat. So gab es einen aus 40 Tagen bestehenden Pflichtdienst mit „Panzerhemd und Streitross" und einem passenden feudalen Gefolge. Die Zahl solcher „Pflichtritter" wuchs enorm - laut dem Catalogus Baronum gab es allein auf dem Hauptterritorium 3453 von ihnen. Dies bezieht sich auf die Jahre zwischen 1154 und 1166, Kalabrien und Sizilien ausgenommen. Neue Ritter-Lehen, die man in Sizilien einführte, fielen eher kleiner aus, sodass man vermuten kann, dass sie dem Muster der vorherigen muslimischen „iqta"-Landbesitzer folgten. Vielleicht waren sie auf Grund ihrer geringen Größe so zahlreich. An anderer Stelle wird von nicht-adeligen Freisassen berichtet, vermutlich neuen Siedlern, deren Landbesitz auch durch das Ableisten von Militärdienst zustande kam. Nichtsdestotrotz kann man festhalten, dass solch eine Struktur fest in der prä-normannischen Verwaltung verwurzelt war. Unterschiede, die von Provinz zu Provinz gemacht wurden, widersprachen den prä-normannischen Anfängen. In Apulien und der capuanischen Lombardei waren diese Wurzeln noch sichtbar, wie auch in Kalabrien, Byzanz, in Sizilien und vor allem in der islamischen Welt.

Die normannischen Herrscher konnten sich trotz einer theoretischen Ausweitung militärischer Verpflichtungen nicht allein auf ihre feudalen Ressourcen verlassen, sodass die gesamte erwachsene, männliche Bevölkerung in den Kampf gerufen werden konnte. Von den Leibeigenen oder „servientes defensati" wurde erwartet, dass sie für ihre eigene Militärausrüstung sorgten, während die sizilianischen Leibeigenen, die ursprünglich lombardisch (italienisch), griechisch oder muslimisch waren, vor Ort besondere Garnisons-Pflichten ableisten mussten. Der wachsende Zentralismus und Wohlstand der normannischen Regierung führte dazu, dass man vor allem in den traditionell gut verwalteten Gebieten wie Kalabrien und Sizilien weniger auf diese regional abgeleisteten Dienste vertrauen musste. Statt dessen griff man immer häufiger auf Söldner zurück.

Die Beschäftigung solcher Berufssoldaten bildete einen weiteren Baustein in der bereits existierenden, komplexen Militärstruktur. Bereits 1054 rekrutierte Robert Guiscard für die Invasion Siziliens nicht-normannische Kalabresen, Griechen oder Slawen. Außerdem zog man Soldaten wie auch Seeleute aus italienischen Stadtstaaten wie Pisa und Genua ein, die Küstenstädte bewachten oder der Flotte beitraten. Tatsächlich geht man inzwischen davon aus, dass normannische Herrscher Siziliens sich mehr auf rein italienische Truppen verlassen haben, als man zuvor angenommen hatte. Nicht-muslimische sowie siculo-muslimische Truppen benötigte man, um den feudalen Kern der normannischen Armee zu unterstützen. Die Normannen führten zu verschiedenen Zeiten mit fast all ihren Nachbarn

Die Burg Caccamo in der Nähe von Palermo, Sizilien, ca. 1160 im hauptsächlich byzantinisch-arabischen Stil erbaut. (Touring Club d'Italia)

Krieg, einschließlich den nordafrikanischen Herrschern. Hierfür benötigte man nicht-muslimische Männer, da man vereinbart hatte, keine Moslems gegen ihre eigenen Religionsangehörigen ins Feld zu schicken. Alles zusammengenommen bestand die normannische Feldarmee aus gut und weniger gut ausgerüsteter Infanterie und schwerer und leichter Kavallerie. Letztere waren mit Pfeil und Bogen bewaffnet, auch wenn diese Kavalleristen wahrscheinlich nicht auf die selbe Art und Weise wie die türkischen Bogenschützen zu Pferd gekämpft haben. Andere Kontingente zogen nicht für Bezahlung, sondern um Kriegsbeute zu machen ins Gefecht. Diese so genannten „rizico" erinnerten an die „muttawiya", berühmte Freiwillige, die vor dieser Zeit in muslimischen Truppen besonders hervortraten.

Der moslemische Landadel überlebte im Westen Siziliens. Obwohl sich seine Zahl erheblich dezimiert hatte, schien er immer noch einige kleine Burgen besessen zu haben, die während der gesamten normannischen Zeitperiode und im frühen 13. Jahrhundert ihre eigenen Kavallerie- und Infanterietruppen ins Feld geschickt haben. Bei den meisten moslemischen Truppen, die unter den Normannen dienten, handelte es sich eher um bezahlte Söldner als um eine Teilzeitmiliz. Obwohl sie bezahlt wurden, besaß ihr Dienst feudalen Züge. Als Gegenleistung für ihre Arbeit zeigte sich die normannische Regierung tolerant gegenüber ihrer islamischen Religion. Diese Truppen bildeten ein stehendes Heer aus leichter Kavallerie, fähigen Technikern und einer starken Infanterie, bei der besonders die Bogenschützen auf Grund ihrer Schnelligkeit und hohen Schusszahl bekannt wurden. Sie waren nach dem prä-normannischen „jund"-Prinzip organisiert, und ihre Gruppen wurden oft von Männern ihres eigenen Glaubens angeführt. Eine Elitetruppe, die bezeichnenderweise aus den Bogenschützen der Infanterie rekrutiert wurde, bildete die Schutzgarde für den königlichen Schatz oder „camera".

Der Einfluss, den diese Bogenschützen auf die militä-

Oben und auf S. 109 sieht man Täfelungen auf den aus dem späten 12. Jahrhundert stammenden Bronzetüren der Kathedrale von Trani. Die Bilder zeigen St. Eustace und vier siculo-normannische Krieger. Man beachte die deutliche Darstellung der benutzten Bogen. (Kathedrale von Trani)

rischen Entwicklungen im mittelalterlichen Italien hatten, war vermutlich genauso groß wie der Einfluss, den die späteren englischen Langbogenmänner auf die englischen und französischen Taktiken haben sollten.

Bewaffnet mit mächtigen Bogen und Kurzschwertern erwiesen sie sich im Kampf gegen schwere Kavallerie, die meist nicht so manövrierfähig war wie die Bogenschützen der Infanterie, als äußerst effektiv. Tatsächlich bewegten sie sich manchmal so schnell, dass sie zusammen mit ihrer eigenen Kavallerie einen Frontalangriff starten konnten. In früheren Jahrhunderten kämpften die Infanteristen der italienischen Stadtmilizen nur mit Speer und Schild, doch im 13. Jahrhundert schien sich die taktische Rolle der leichten siculo-muslimischen Bogenschützen-Infanterie der Normannen auf die berühmten Armbrustmänner Norditaliens zu übertragen.

Die Normannen in Sizilien und Süditalien erbten außerdem eine klein angelegte, aber florierende Waffenherstellung. Bis heute ist es nicht möglich festzustellen, inwiefern sich deren Produkte von ähnlichen Waffen und Rüstungen aus benachbarten Regionen im westlichen Europa, Byzanz, Nordafrika und dem Mittleren Osten unterschieden haben. Sizilien war in den Gegenden von Messina und Palermo reich an Eisen und besaß einen großen Baum- bzw. Holzbestand, den man als Brennstoff für Eisenhütten benötigte. Berichten zufolge waren Waffenschmiede bereits im späten 9. Jahrhundert in Palermo aktiv, und das moslemische Sizilien erlebte im landwirtschaftlichen und industriellen Bereich eine ökonomische Expansion, wie man sie in den westlichen Provinzen des Islams vom 8.-11. Jahrhundert erleben konnte. Ein vergleichbarer, wenn auch weniger dramatischer Entwicklungsprozess fand vom 7.-11. Jahrhundert in Süditalien statt. Es gab ein Anwachsen von Vermögen und Produktivität in den byzantinischen Provinzen und in den Herzogtümern der Lombardei, der die Agrarwirtschaft, den Bergbau, die Metallverarbeitung und den Schiffbau mit einschloss.

Der lebendige mediterrane Handel der Küstenstädte wie Amalfi während der vornormannischen Zeitperiode ist bestens bekannt, auch wenn die Bedeutung von Amalfi durch den Wettbewerb mit Pisa und Genua im 10. Jahrhundert nachließ. Trotzdem ist es bemerkenswert, dass der Handel zwischen den süditalienischen Häfen von Amalfi oder Salerno mit dem Mittleren Osten, besonders bei traditionellen, italienischen Gütern wie Holz und Eisen, sofort nach ihrer Besetzung durch die Normannen wiederbelebt wurde. Dies setzte sich solange fort, bis die guten Beziehungen zu Ägypten durch die siculo-normannischen Angriffe auf das Nil-Delta 1153 zerstört wurden. In diesem Zusammenhang sollte festgehalten werden, dass die normannischen Herrscher die Traditionen ihrer Vorgänger

Frühe Normandie:
1. Normannischer Bischof, ca. 1050
2. Normannische „miles“, ca. 1025
3. Flämischer Serjeant, ca. 1040

1 2 3

A

Die Schlacht von Hastings, 14. Oktober 1066:
1. Herzog William
2. Bischof Odo
3. Bretonischer Ritter
4. Normannischer Bogenschütze
5. Infanterist aus Maine
6. Angelsächsischer Huskarl

B

C

Normannisches England:
1. Anglo-normannische Adelsfrau, ca. 1140
2. Anglo-normannischer Gutsherr, ca. 1125-1150
3. Normannischer Ritter, ca. 1100 - 1125

3 1 2

D

Der Fall der Normandie:
1. Normannischer Ritter, ca. 1180
2. Bretonischer Serjeant, ca. 1160
3. Walisischer Freiwilliger, ca. 1200

Die Normannen in Irland und Schottland:
1. Anglo-normannischer Ritter, Familie De Clare, ca. 1225
2. Gälisch-irischer Krieger, ca. 1200
3. Hebridischer Krieger, ca. 1200

Frühnormannisches Italien und Sizilien:
1. Siculo-normannischer Ritter, ca. 1130
2. Neapolitanischer Infanterie-Bogenschütze, ca. 1140
3. Sizilianischer Infanterie-Bogenschütze, ca. 1140

G

Spätnormannisches Italien und Sizilien:
1. Italo-normannischer Adliger, ca. 1170
2. Siculo-normannischer Wächter, ca. 1180
3. Sizilianisches Aufgebot, ca. 1175

H

Die Normannen im Osten:
1. Italo-normannischer Kreuzritter, ca. 1098
2. Normannischer, ex-byzantinischer Söldner, ca. 1085
3. Oshin der Hethoumianer, ca. 1098

J

Das Fürstentum von Antiochia:
1. Ritter von Antiochia, ca. 1268
2. Normannisch-französische Kreuzritter, ca. 1250-60
3. Türke, ca. 1270

Burgen und Festungen:
1. Mirville, 11. Jahrhundert
2. Abinger, spätes 11. Jahrhundert
3. Hedingham, 12. Jahrhundert

1

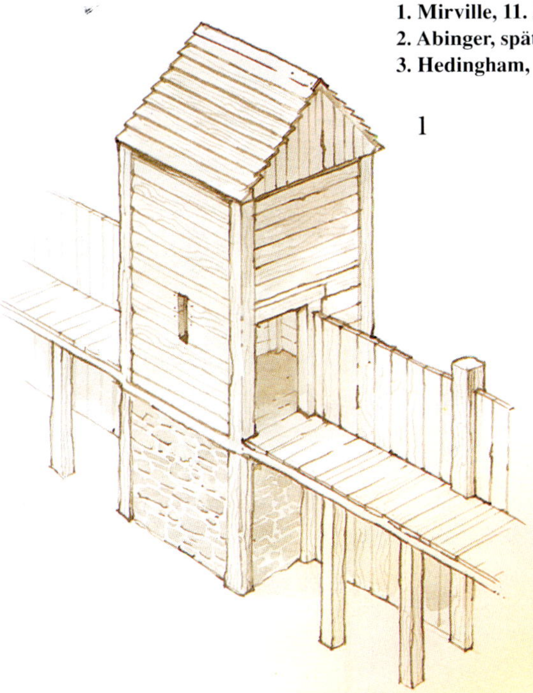

2

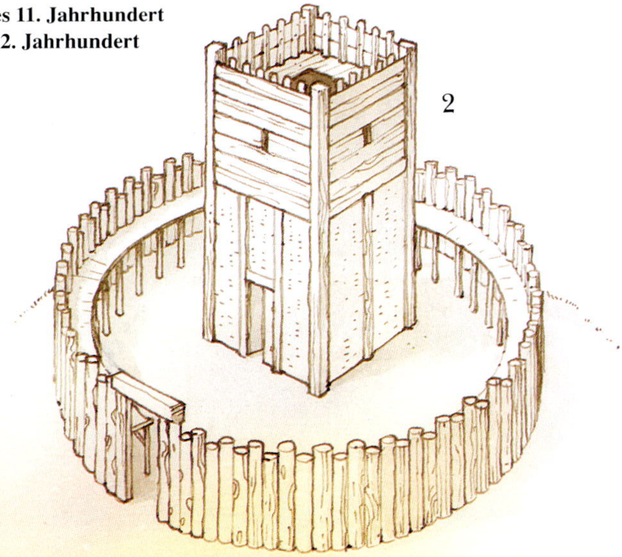

3

le Anatoliens. Roussel erkannte die Chance, die sich ihm aus dieser Situation heraus bot und machte sich auf, ein normannisches Herzogtum im Osten zu gründen. Auch wenn er scheiterte, lag sein Erfolg in greifbarerer Nähe, als es bei seinen Vorgängern der Fall gewesen war. Von seinem Lehen aus, das die Byzantiner ihm in Armenien gegeben hatten, bekämpfte er alle Beteiligten, doch wie zuvor Hervé wurde auch Roussel von den Moslems gefangen genommen und zu seinem ehemaligen Feind, dem zukünftigen Kaiser Alexius I. Comnenus zurückgeschickt. Vier Jahre später stand Roussel wieder hoch in der Gunst des Imperiums und führte die „fränkischen" Söldner von Alexius I. an.

Das Schicksal vieler anderer Normannen in Ost-Anatolien ist noch obskurer und seltsamer. Dieses strategisch wichtige Gebiet wurde streng von den Byzantinern bewacht, die in der Regel ihre besten Söldner aus dem Westen dorthin schickten. Nach dem Desaster bei Manzikert halfen viele dieser Normannen oder „Franken" den Türken, die armenischen Vasallen-Staaten Taron und Sassoun des byzantinischen Reiches zu zerstören. Doch dann lebte die armenische Unabhängigkeit weiter südlich in den Taurus-Bergen, in Cilicia und im Norden Syriens wieder auf. Um die 8000 „Franken" zogen unter einem gewissen Oursel zum höher gelegenen Euphrat-Tal und dem nördlichen Rand der Syrischen Ebene. Hier erkannten viele Städte nach wie vor die byzantinische Autorität formal an, während sie gleichzeitig den moslemischen Siegern Tribut zahlten. Sie überlebten tatsächlich als Schachfiguren im großen Kampf zwischen Seldschuk-Türken und den arabischen Emiren Syriens, und ihre Autonomie blieb dabei relativ unangetastet. Ein armenischer General namens Philaretus ergriff 1079 die Kontrolle über solch eine Stadt - Antiochia. Ursprünglich hatte Philaretus byzantinische Kräfte entlang der südöstlichen Grenze kommandiert und war deshalb den Normannen wohl bekannt. Philaretus übernahm anschließend die Kontrolle über ein weites Territorium, das Urfa (Edessa) mit einschloss.

Von ihm wird auch behauptet, dass er eine Armee von bis zu 20.000 Kriegern kommandiert habe, deren effektivster Teil wahrscheinlich 8000 Normannen oder „Franken" waren, die ihrem neuen Führer Raimbaud unterstanden, der sich bereits 1073 Philaretus angeschlossen hatte.

Ihre erste Militärbasis war eine Festung namens Afranji, die „fränkische" Burg, in der Nähe von Harput, am linken Ufer des Euphrat. Andere schlossen sich der Garnison von Urfa oder von Antiochia an. Raimbaud selbst starb 1074 beim Versuch, Philaretus' Zelt gegen Thornig, den armenischen Prinzen von Sassoun, zu verteidigen. Es mag auch kein Zufall gewesen sein, dass Kaufleute aus Amalfi in den normannisch regierten Ländern Süditaliens ihren Handel während dieser schwierigen Jahre mit Antiochia fortsetzen konnten. Oder dass Männer aus Bari, einer der mächtigsten Städte des normannischen Italien, noch 1097 ihre Geschäfte mit Tarsus im sizilianischen Armenien machen konnten.

Die Karriere Philaretus' und seiner Anhänger fand um das Jahr 1085 ein abruptes Ende, als die Seldschuk-Türken zum ersten Mal Antiochia einnahmen, kurz danach die arabischen Dynastien Mosuls und Aleppos erstürmten und deren armenischen Verbündeten Philaretus letztlich bezwangen. Urfa selbst fiel 1087 durch Verrat innerhalb der eigenen Mauern. Dennoch schaffte die Stadt es, ihre Autonomie unter den armenischen Gouverneuren zurück zu erlangen. Urfa behielt auch seine eigenen Streitkräfte, um sich verteidigen zu können und außerhalb liegende Schlösser zu bewachen. Es handelte sich dabei primär um eine städtische Miliz, obwohl auch Söldner angeheuert wurden, wenn Geld zur Verfügung stand. Über das Schicksal der Normannen nach der Übernahme durch die Seldschuken ist nichts aufgezeichnet worden, doch laut der Aussagen einiger Kreuzritter waren die Krieger von Urfa während des Ersten Kreuzzuges im europäischen Stil bewaffnet und ausgerüstet. In anderen Gegenden, vor allem in Antiochia,

war die alte Militärklasse aus Armeniern und Griechen durch zahlreiche Mischehen mit den Seldschuken „türkifiziert“ worden. Eine substanzielle Gruppe der vormaligen Elite einigte sich schließlich mit den Neuankömmlingen, und sie - oder ihre Nachkommen - waren es auch, denen nachgesagt wurde, dass sie bei der Ankunft der ersten Kreuzritter die Flucht ergriffen haben. „Franken“ oder Normannen wurden nicht speziell erwähnt. Nichtsdestotrotz lagen zwischen der Inbesitznahme Antiochias durch die Seldschuken und dem Ersten Kreuzzug nur 12 Jahre. Vielleicht haben die Nachkömmlinge der normannischen Söldner, ob sie legitimiert waren oder nicht, die Stadt gegen die Normannen aus Süditalien verteidigt, als diese sich bei den Mauern von Antiochia aufstellten.

Auf Grund des Desasters bei Manzikert verlor das Byzantinische Reich den Hauptteil Anatoliens, wo man immer viele Männer zur Rekrutierung gefunden hatte, sodass man unter der Comnenid-Dynastie vermehrt Söldner für die byzantinischen Streitkräften rekrutieren musste, von denen wiederum die Normannen den wichtigsten Anteil stellten. So stellte man eine polyglotte Armee aus Normannen plus Deutschen, Franzosen und Männern aus den Kreuzzugländern zusammen, vor allem aus dem normannischen Fürstentum von Antiochia, das zu verschiedenen Zeiten ein potenzieller Vasallenstaat des Byzantinischen Reiches war. Die byzantinischen Hauptarmeen wurden inzwischen entlang den feudalen, normannisch-französischen Leitlinien durch Kaiser Manuel Comnenus neu geformt. Dabei lag das Hauptaugenmerk auf der schweren Kavallerie, die sich der angelegten Lanze bediente. Dieser Prozess

Elfenbein-Schachfigur aus Süditalien oder Sizilien, wahrscheinlich aus dem 11. Jahrhundert. Auffällig sind die Details der Ausrüstung, die fast ausschließlich in byzantinischem oder westislamischem Stil angefertigt wurde. (Cabinet des Medailles, Bib.Nat. Paris)

führte 1176 bei Myriokephalon zur nächsten Katastrophe, als das Byzantinische Reich durch die Seldschuken eine schlimme Niederlage erlitt, die kaum weniger verheerend war als die bei Manzikert ein Jahrhundert zuvor. Kreuzritter aus Antiochia bildeten bei Myriokephalon Manuels rechten Flügel. Nach der Niederlage schickte der Kaiser einen Brief an Heinrich II. von England, in dem er den Mut seiner Engländer lobte, wobei er sich vermutlich auf die angelsächsischen Truppen bezog, die ihm dienten.

Für Byzanz traten viele Normannen unter Robert Guiscard von Süditalien auch gegen ihre eigenen Landsleute an. Andere wurden rekrutiert, um in den 1080er- und 1090er-Jahren gegen die Pechenegs und die Seldschuken zu kämpfen. Außerdem dienten „Franken" in Garnisonen, die 1113 Iznik (Nicea), 1149 Korfu und 1193 Varna (Bulgarien) verteidigten. Ferner unterstanden „Franken" 1259 Theodor Lascaris, dem Herrscher von Iznik.

Viele dieser Söldner siedelten sich im Byzantinischen Reich an und gründeten viele Generationen währende Militärsippen. Diese erhielten in der Regel „pronoia", das byzantinische Äquivalent des westlichen Lehens. Die Feudalisierung des Byzantinischen Reiches war vermutlich ein Vermächtnis aus den Tagen, als die Comnenid-Kaiser so viele Normannen und andere Männer aus dem Westen rekrutierten, wie sich nur finden ließen.

Unter diesen Familien, die von „Franken" gegründet wurden, waren die Raoulii, die Nachkommen eines gewissen Italo-Normannen namens Raoul, und die Petraliphaer, die von Pierre d'Aulps abstammten. Eine Gruppe von Kriegerfamilien, die Maniakates, hatte sich in Albanien niedergelassen. Sie stammte von Normannen ab, die dem großen byzantinischen General Maniakes gedient hatten. In Albanien wurden sie von einem gewissen Constantin Humbertopoulos angeführt, dessen Name auf die Abstammung von einem Mann aus dem Westen namens Humbert hinweist. 1201 erhielt Constantin Frangopoulos („Sohn der Franken") das Kommando über sechs Kriegsgaleeren, und im Jahr 1285 verteidigte ein anderer Humbertopoulos Mesembria (heute Bulgarien) gegen die Mongolen.

Von ungefähr 1190 bis 1216 gewann der erste mittelalterliche albanische Staat unter einheimischen „archons" seine Unabhängigkeit. Es wäre interessant zu erfahren, ob irgendeiner dieser „archons" je behauptet hat, „fränkischer" oder normannischer Abstammung gewesen zu sein. Als die Angeviner Süditaliens 1272 einen albanischen Marionettenstaat gründeten, nahmen sicherlich viele ortsansässige Grafen bereitwillig ihre feudalen Titel und die damit verbundenen Verhaltensformen an.

Während des Ersten Kreuzzuges spielten die Normannen eine überproportional große Rolle. Sie waren hier zweifach präsent: ein Kontingent bestand aus Normannen aus der Normandie und das zweite aus Normannen aus Süditalien, das vielleicht noch wichtiger war. Dies wurde von Bohemond von Taranto angeführt, einem enterbten Sohn Robert Guiscards. Es mögen zwar nicht allzu viele Italo-Normannen gewesen sein, doch ihre Ausrüstung war sehr gut, ihre Führung exzellent und sie selbst ausgezeichnet geschult. Und vor allem besaßen sie schon Erfahrung im Umgang mit Byzantinern und Moslems.

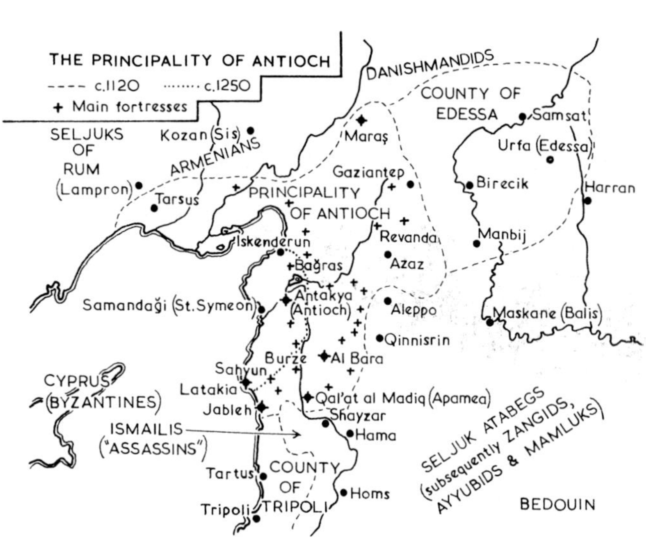

Das Fürstentum von Antiochia

Dieses Buch beschäftigt sich zwar nicht primär mit den Kreuzzügen, aber die Eroberung von Antiochia während des Ersten Kreuzzuges und die daraus folgende Etablierung des Fürstentums von Antiochia ließ noch einen weiteren Normannenstaat entstehen. Während Herzog Robert von der Normandie und der Großteil seiner Truppen 1099 das Heilige Land verlassen hatten, blieb ein großer Teil des italienisch-normannischen Kontingents vor Ort. Bohemond übte bereits Kontrolle über Antiochia aus, doch das normannische Recht, über diese Stadt zu herrschen, blieb nicht unangefochten. Nicht zuletzt Byzanz forderte Oberhoheit über das alte „Herzogtum von Antiochia", währende viele nicht-normannische Kreuzritter der Ansicht waren, dass Bohemond mehr daran interessiert war, ein Lehen zu erhalten, als Jerusalem für das Kreuz zu erobern. Dann wurde Bohemond 1100 von den Danishmandid-Türken gefangen genommen, und man rief seinen Neffen Tancred aus dem nördlichen Galiläa herbei, damit er das Kommando übernehme. In Palästina hatte Tancred ge-

Elfenbeineinband des Buches Queen Melisende's Psalter, das aus den Kreuzzugstaaten des frühen 12. Jahrhunderts stammt und Rüstungen in europäischen, byzantinischen und islamischen Stilen zeigt. (Britisches Museum, London)

LEO
LIBIDO
ALTARE

Die Burg Bagras mit Blick über den Fluss Orontes und die Syrische Ebene. Die meisten Mauerüberreste stammen aus der armenischen Epoche, denn die Burg hatte eine Schlüsselposition bei der Verteidigung Antiochias.

lernt, die aktive Hilfe der ortsansässigen christlichen Gemeinschaften für seine Zwecke zu gewinnen. In Antiochia nutzte er diese Erfahrung, um das neue Fürstentum zu vergrößern und zu festigen. Außerdem unterstützte Tancred die Normannen aus Italien, Sizilien und Frankreich, sich im Norden Syriens anzusiedeln. Er strukturierte den Staat streng nach normannischem und feudalem Vorbild, sodass er sich vom Jerusalemer Königreich, das sich im Süden erhob, unterschied. Zur gleichen Zeit rekrutierte Tancred ausgesuchte Söldner und fand sogar unter den einheimischen türkischen Anführern Alliierte.

Trotz seiner Bemühungen und der seiner Nachfolger war das essenziell westliche Fürstentum von Antiochia nie in der Lage, sich voll und ganz im Mosaik der Staaten des Mittleren Ostens zu behaupten. Auch gelang es seiner normannischen Militärelite nicht, sich in die syrische Gesellschaft zu integrieren. Sie blieb eine verstreut lebende Aristokratie, die trotz der Annahme lokaler und vor allem armenischer Bräuche immer fremd im Land war. Die Normannen und andere Siedler aus dem Westen standen vor den Moslems auf dem Lande durch ihre Religion und durch ihre Verpflichtung, den Islam mit dem Schwert zu bekämpfen, isoliert da. Sie waren sogar von den ortsansässigen, großen christlichen Stadtgemeinschaften getrennt. Auch wenn diese sich untereinander in verschiedene Gruppen aufsplitterten, so waren sie den Normannen zahlenmäßig doch überlegen, und wurden von diesen wiederum als Ketzer oder Abtrünnige betrachtet. Die einzige ortsansässige Population, zu der die Normannen ein gewisses Verhältnis aufbauen konnten, war die armenische; auch sie waren Krieger und besaßen ihre eigenen, in der Nachbarschaft liegenden, unabhängigen und bis zu einem gewissen Grad feudalistisch organisierten Staaten. Bemühungen, die über eine bloße Zusammenarbeit hinausgingen, scheiterten jedoch auf politischer wie auf religiöser Ebene: Die kulturelle Kluft war einfach zu groß. Statt dessen wurde eine gute tägliche Zusammenarbeit auf militärischer Ebene, die schon vor der Eroberung Antiochias begonnen hatte, zur Routine.

Es war wahrscheinlich ein Mann armenischen Ursprungs, ein Waffenschmied oder sein Vorfahre, der Antiochia zum ersten Mal an die Kreuzritter verriet. Ein armenischer Pionier aus Antiochia entwarf Belagerungsmaschinen, die die Kreuzritter 1124 gegen Tyre benutzten. Armenische Soldaten dienten 1118 in den Garnisonen von Antiochia und Margat. Man behauptete, dass zu anderen Zeiten 4000 bis 5000 armenische Reiter und 10.000 Infanteristen im Dienst der Kreuzzugstaaten gestanden haben.

Das Fürstentum von Antiochia und die damit verbundene Region Edessa unterschieden sich in einigen Aspekten von den Kreuzzugsstaaten Tripoli und Jerusalem. Deren politische, ökonomische und Verteidigungsstrategien sahen oft anders aus. Die Lage des Fürstentums an der alten Handelsroute von Irak und Iran zu den Mittelmeerländern machte es zu den reichsten unter den Kreuzzugländern. Antiochia selbst war ein florierendes Zentrum für Wirtschaft und Industrie, das für seine Textilien und sein Glas berühmt war. Viele Menschen aus dem Westen ließen sich in den Städten nieder, und diese Immigranten machten mitunter sogar die halbe städtische Bevölkerung aus. Obwohl sie weder Ritter noch professionelle Krieger waren, bildeten sie die Basis der staatlichen Infanterie. Trotz seines blühenden Handels und des großen Wohlstands schwand die Bedeutung Antiochias unter der Herrschaft der Kreuzritter. Nach und nach entwickelte sich das moslemische Aleppo in Nordsyrien zum wirtschaftlichen Zentrum.

Eisenerz wurde in den Bergen abgebaut, und aus der damit verbundenen Eisenhüttentradition entstand eine kleine Waffenindustrie. Das meiste Eisenerz wurde rund um Marash gefördert, doch noch im 10. Jahrhundert wurden in dieser Gegend hauptsächlich Pferdegeschirre, Sporen, Keulen, Rüstungen, Schwerter, Scheiden und Sättel hergestellt.

Die direkte Ahnenreihe normannischer Prinzen in Antiochia fand bereits 1130 mit dem Tod von Bohemond II. ein Ende. So stammten die nächsten Herrscher von den Nachkommen seiner Tochter Constanze und eines französischen Adeligen, Raymond von Poitiers, ab, der heimlich vom normannischen Hof Heinrichs I. von England herbei gerufen worden war. Nichtsdestotrotz fühlte man sich in Antiochia der Normanitas stark verbunden, und es sollten noch fünf weitere Prinzen mit dem Namen Bohemond folgen.

Auch die feudalen Strukturen, die die ersten normannischen Prinzen entlang der siculo-normannischen Linien aufgebaut hatten, blieben bis zum Schluss mehr oder we-

Die Burg Revanda (Ravendel) war eine typische, abseits gelegene Festung des Fürstentums von Antiochia, die auf einem Berg nahe der Ostgrenze erbaut worden war.

niger unverändert. Feudale Bindungen waren von unkomplizierterer Natur als die in Europa, da die militärische Elite kleiner war und weniger Menschen betraf. Verglichen mit der Situation in Tripoli und Jerusalem behielten die Herrscher von Antiochia im 12. Jahrhundert die meisten ihrer Landereien und Schlösser in eigenen Händen. Fast alle der großen Lehen waren an Verwandte verpachtet worden, die anderen an Männer normannischer Herkunft. Die großen Staatsbehörden funktionierten ganz nach normannischem Vorbild mit „constables", „marshals", „seneschals", „chamberlains", „vicomets", „bailiffs" und „chatelains". Die einzigen byzantinischen oder islamischen Verantwortlichkeiten lagen im juristischen oder administrativen Bereich, und selbst diese spiegelten normannische Erfahrungen in Süditalien und Sizilien wider. In den Städten bestand der Verwaltungsapparat aus einem Geflecht von byzantinischen, islamischen und neueren italo-französischen Ideen, wohingegen auf dem Lande die arabisch-islamischen Systeme nach wie vor Anwendung fanden.

Die Organisation von Antiochias Armeen war von den westlichen Traditionen stark beeinflusst. Und so war natürlich die Kavallerie der wichtigste Baustein der Truppe. Alle Kreuzzugländer litten in den ersten Jahren vor allem unter einem beträchtlichen Mangel an Pferden. Das war im Fürstentum von Antiochia weniger der Fall, da die Ebene von Nordsyrien schon von jeher als Pferdezuchtregion berühmt war.

Die geringe Größe von Kreuzritterarmeen wurde stets übertrieben dargestellt, wie umgekehrt die große Zahl ihrer moslemischen Gegner, doch die komplette Anzahl der Ritter von Antiochia war nie größer als 500. Im Mittleren Osten schienen die militärischen Pflichten solcher Ritter geradezu unendlich zu sein. Der Dienst war im Gegensatz zu Europa nicht auf 40 Tage begrenzt. Dic Anzahl der Ritter konnte durch Pilger und landlose Söldner aus Europa beträchtlich ansteigen. Antiochias Reichtum machte es möglich, viele Söldner zu bezahlen, die für die Expansion und das Überleben aller Kreuzzugländer von entscheidender Bedeutung waren. Außerdem gab es viele Serjeanten von geringerem Rang, die aber genauso gut kämpfen konnten, plus Turcopolen und viele weitere Alliierte, einschließlich der Armenier. Eine große Burg wurde in Friedenszeiten durch beinahe 1700 Mann bewacht, obwohl nur 50 von ihnen Ritter waren. In Kriegszeiten konnte die Garnison auf 2200 Männer anwachsen.

Die eingesetzten Taktiken blieben in etwa die gleichen, wie jene, die von den Normannen in Europa benutzt wurden, doch Anpassungsmaßnahmen, die auf lokalen Erfahrungen beruhten, wurden schon bald umgesetzt. Auf offenem Feld wurde normalerweise die Kavallerie vorausgeschickt oder sogar von der mit Speeren, Bogen oder Armbrüsten bewaffneten Infanterie flankiert. Solche Infanteristen verteidigten sich mit großen Schilden; Speermänner befanden sich an vorderster Front und ihre Reihen wurden geöffnet, um Reiter durchzulassen, wenn diese ihre Angriffe starteten. Im frühen 12. Jahrhundert arbeitete die gesamte Kavallerie zusammen, Ritter und nichtadlige Krieger, voll und weniger gut ausgerüstete Männer. Schnellere und beweglichere Truppen wurden auch zum Abfangen von Konvois benutzt und zum schnellen Eindringen in feindliches Territorium. Leichte Kavallerie mit Bambusspeeren und wahrscheinlich auch Spießen tauchte gegen Ende des 12. Jahrhunderts auf. Sie war eher aus den arabischen als aus den spezialisierteren und fremden türkischen Traditionen der Pferdebogenschützen geformt worden. Zu diesen Zeiten hatte die Expansion der Kreuzzugländer aber bereits ein Ende gefunden, sodass sich die Staaten in der Defensive befanden und nun anscheinend bereiter waren, Neues hinzuzulernen. Im 13. Jahrhundert fielen die Taktiken flexibler, differenzierter und ausgeklügelter aus.

Die Infanterie hatte an Bedeutung hinzugewonnen, da sich Bogen- und Armbrustschützen als beste Verteidigung gegenüber Pferdebogenschützen erwiesen. Alte Taktiken wurden immer noch benutzt, aber im Gegensatz zu sonst teilte sich die Kavallerie in Gruppen außerhalb der Infanterie-Formation auf, in die sie sich wenn nötig zurückziehen konnten. Von nun an gab es weniger, aber taktisch ausgeklügeltere Angriffe durch eine oder zwei kleinere Gruppen von Reitern. Berittene Serjeanten kämpften immer noch an der Seite von Rittern, waren aber in der Regel nicht mehr so schwer ausgerüstet.

Die meisten Turcopolen traten zu Pferde auf, obwohl zu ihren Armeen auch Infanteristen gehörten. Ihre genauen Ursprünge und sogar ihre Funktion wird immer noch heiß diskutiert. Eine gewisse, wenn auch kleine Zahl ortsansässiger Christen schien den Dienst als Serjeant aufgenommen zu haben. Doch gab es viel mehr moslemische Kriegsgefangene, die im frühen 12. Jahrhundert zum Christentum konvertiert waren und daraufhin vermutlich für ihren neuen Herren gekämpft haben. Solche Männer werden es kaum riskiert haben, in den moslemischen Schoß zurückzukehren, da die Abwendung vom Islam als Kapitalverbrechen geahndet wurde. Turcopolen wurden ausnahmslos exekutiert, sobald man sie gefangen nahm. Die wenigen aufgezeichneten Namen der Turcopolen deuten auf muslimische Familienursprünge. Indizien sprechen dafür, dass, obwohl viele als berittene Bogenschützen kämpften, sie nicht den turkmenisch-nomadischen Kampfesstil pflegten. Statt dessen schienen die Turcopolen eher wie die „ghulams“ aus den benachbarten Moslem-Staaten ausgerüstet gewesen zu sein. Diese kämpften als leichte Kavallerie und als geübte Pferdeschützen, die in Reihen schossen und zwar oft aus dem Stehen und nicht aus der Bewegung heraus, wie es die Stammesturkmenen getan haben. Turcopolen besaßen sogar Lehen, die in der Regel als „serjeantries“ verzeichnet wurden.

Die fortdauerndsten Monumente des Fürstentums von Antiochia sind seine Burgen. Einige waren sehr groß, und sie krönen noch immer die Hügel von Nordwest-Syrien und der Südtürkei. Die meisten von ihnen wurden erbaut, als das Zeitalter des antiochischen Fürstentums bereits zu Ende ging. Die einzige große Burg, die im 12. Jahrhundert gebaut wurde, war die in Sahyun. Nicht weniger als 170.000 Tonnen unberührten Gesteins musste man wegschaffen, damit ihre Ostseite durch einen Graben gesichert werden konnte. Zu dieser Zeit wurden auch kleinere Burgen errichtet, die vielfach Gebirgspässe zwischen der Küste und dem moslemischen Inland Syriens überblickten. Diese Burgen entstanden oft durch die Erneuerung bereits bestehender Baustrukturen aus dem 9. oder 10. Jahrhundert, die ursprünglich zur Verteidigung des byzantinischen Fürstentums von Antiochia oder der arabischen Provinz Aleppo gebaut wor-

Militärarchitektur im Fürstentum von Antiochia: A = die südliche Mauer von Antiochia in ihrem Originalzustand, nachdem sie im 10. Jahrhundert repariert worden war; B = die Burg von Sahyun (nach Müller-Wiener).

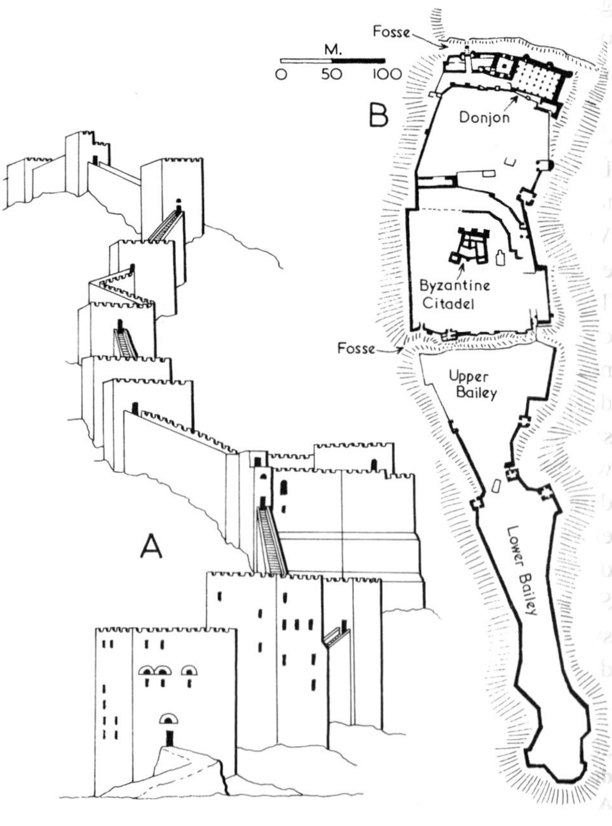

den waren. Die meisten anderen Städte wurden durch die Byzantiner, Armenier oder Araber befestigt, bevor die Normannen kamen.

Im 13. Jahrhundert verkaufte man die wichtigen Schlösser an die Templer oder andere militärische Orden, da die Herrscher Antiochias an Geldknappheit und einem Mangel an Männern litten, die diese Abwehranlagen hätten bewachen können. So riesig und hoch entwickelt die Burgen auch waren, sie kamen hauptsächlich deshalb zu Fall, weil es nicht genügend Männer zu ihrer Bewachung gab. Antiochia selbst fiel 1268 nach einer fünftägigen Belagerung, da die Garnison nicht in der Lage war, alle Türme zu besetzen. Viele Burgen wurden von innen, aus den eigenen Reihen, verraten, was bei ihrer Verteidigung in den Kreuzzugländern im 13. Jahrhundert große Probleme bereitete.

Die militärische Elite konnte dafür nicht verantwortlich gemacht werden. Schon zu Beginn der Zeit von Saladin wurde ihre Position immer schwieriger. Den Bezirk von Edessa gab es bereits lange nicht mehr und Antiochia kontrollierte, ähnlich wie Tripoli und Jerusalem, nur noch ein stetig kleiner werdendes ländliches Gebiet. Es gab immer weniger Lehen, sodass sich beinahe die ganze Ritterklasse in den Städten ansiedelte. Und die Ritter verlangten nach wie vor feudale Rechte über Dörfer und Ländereien, die schon lange vom Islam zurückerobert worden waren. Doch selbst ohne Reichtümer blieb der Status der Ritter legal bestehen. Die europäischen Siedler flohen in die Städte oder zurück nach Europa, während eine stattliche Anzahl von Serjeanten und möglicherweise auch von Rittern den Islam annahm und zu Überläufern wurde. 1223 behauptete der Patriarch von Alexandria, sicherlich nicht ganz ohne Übertreibung, dass ungefähr 10.000 dieser Verräter in Ägypten und Syrien in Ayyubids Diensten standen. Nach dem Vierten Kreuzzug, bei dem 1204 Istanbul (Konstantinopel) eingenommen wurde, verließen viele Ritter, Serjeanten und Turcopolen Syrien, um in Griechenland ihr Glück zu suchen. Nichtsdestotrotz blieb das Fürstentum von Antiochia noch weitere 83 Jahre bestehen. Der Name überlebte, nachdem Antiochia selbst nach einer Orgie von Gewalt und Zerstörung an den mamelukischen Sultan Baybars gegangen war. Danach bestand das Fürstentum aus kaum mehr als dem kleinen Hafen von Lattakieh, der 1287 fiel, nachdem ein Erdbeben seine Befestigungsmauern ernsthaft beschädigt hatte. Ironischerweise rechtfertigte der mamelukische Sultan Oalaun seine Inbesitznahme während eines Waffenstillstandes, indem er sich einer legalen Spitzfindigkeit bediente, die die Normannen selbst zuvor angewandt hatten. Denn als derzeitiger Herrscher von Antiochia beanspruchte Qalaun das Recht auf das gesamte alte Fürstentum, einschließlich Lattakieh, das bislang noch nicht erobert war. Sein letzter Prinz, Bohemond VII., starb kinderlos und vermutlich an gebrochenem Herzen sechs Monate später.

Die Farbtafeln

A: Frühe Normandie:
A1: Normannischer Bischof, ca. 1050

Die enge Verbindung von Kirche und Staat war eine der großen Stärken in der Normandie. Die Macht der Kirche lag in ihrem Einfluss, den sie über eine ungebildete, aber fromme Militärelite hatte. Gestützt wurde dies durch das Kirchenmonopol über Kunst und zeremoniellen Prunk. Die „Uniform“ des Bischofs war nach strengen Regeln festgelegt worden: Auf diesem Bild trägt der Bischof eine frühe Form der Mitra und um seinen Schultern einen T-förmigen Stoffstreifen aus besticktem Tuch, das Pallium. Unter seinem feinen Wollmantel oder Kasel kann man die zwei vergoldeten Stoffquasten seiner Stola sehen. Diese liegen über einer leichten Dalmatika, die wiederum über einer Albe aus weißem Leinen getragen wurde. Sein Stab mit dem Kopf aus Elfenbein war eine symbolische „Waffe“ im

„David und Goliath“, aus einem normannischen Manuskript aus dem späten 11. Jahrhundert. (St. Augustine's Commentaries, Ms. A. 19, Bib. Munic., Rouen)

Kampf Gottes. (Quellen: Bede's Commentaries, Mitte des 12. Jahrhunderts, St. John's Coll. Ms. H. 6, Cambridge, und zahlreiche andere, heute noch erhaltene Roben.)

A2: Normannische „miles", ca. 1025

Die ersten normannischen „miles" oder Ritter sahen genau wie andere nordfranzösische Kavalleristen aus. Alles, was dieser Soldat am Leib trägt, ist ziemlich altmodisch. Sein Panzerhemd besitzt Schlitze an den Seiten, ein Kleiderstil, der ursprünglich für Fußsoldaten im Kampf entworfen wurde, und sein Schild ist vom alten runden Typ. Seine Bewaffnung besteht aus einem schönen, neuen Schwert, aber er trägt sowohl Spieße als auch eine schwere Lanze. (Quellen: Bibel, frühes 11. Jh., Bibli. Munic., Arras; Reliquary of St. Hadelin, 1046, St. Martin's Church, Visé.)

A3: Flämischer Serjeant, ca. 1040

Im 11. Jahrhundert waren Söldner aus dem Westen Belgiens sehr gefragt. Dieser Mann ist mit einer der ersten, ganz aus Holz gefertigten Armbrüste, die es gab, bewaffnet. Ihr Auslösemechanismus besteht aus einem Holzstift, der die Bogensehne aus einer Kerbe stößt, wenn der Abzug betätigt wurde. Solche Waffen gab es viele Jahrhunderte lang in Skandinavien. (Quellen: Commentaries of Hayman of Auxerre, ca. 1000, Bib. Nat., Ms. Lat. 12302, Paris; Armbrust aus Lillöhus, 15.-16. Jahrhundert, Kristianstads Mus.)

B/C: Die Schlacht von Hastings, 14. Oktober 1066:

Die Szene basiert primär auf dem Teppich von Bayeux. Der berühmte Teppich ist nicht nur schwierig zu interpretieren, sondern auch einige Jahre nach diesem Ereignis angefertigt worden. Andere Bildquellen mussten herangezogen werden, um den Teppich richtig deuten zu können.

B/C1: Herzog William von der Normandie

Der normannische Anführer trägt die fortschrittlichste Rüstung seiner Tage. Dazu zählt ein Eisenhelm, der aus einem Stück geschmiedet wurde, mit einem breiten und verzierten Nasenschutz. Eine der Hauptkontroversen, die um den Teppich von Bayeux geführt werden, betrifft die rechteckigen Tuchabzeichen auf den Brustkörben einiger Normannen. Diese Zeichen sind nicht zu sehen, wenn die Männer in einen Kampf verwickelt sind, und ähnliche Abbildungen in der spanischen und französischen Kunst des 11. Jahrhunderts weisen eindeutig darauf hin, dass es sich hierbei um heruntergelassene „ventails" (Gesichtsmasken) handeln könnte. Und das trifft wahrscheinlich auch auf den Ritter auf dem Teppich von Bayeux zu. Die Form solcher normannischen, Hals und Kinn schützenden „ventails" ist unbekannt. Sie bestanden vielleicht aus gefütterten oder ungefütterten Kettenlappen, die an beiden Seiten des Kopfes festgemacht wurden, wie man hier sieht. Oder es waren ganz gewöhnliche „ventails", die an einer Seite des Kopfes festgeschnürt wurden. Englische Näherinnen haben hierüber nur ungenaue Angaben gemacht. Der Herzog trägt außerdem Kettenärmel wie auch „chausses" (Beinharnische). Auf dem Teppich von Bayeux sieht man Krieger, die Panzerhemden mit Beinen, ähnlich wie Hosen, tragen. Solche seltsamen Rüstungen gibt es sonst nirgendwo, daher vermutet man, dass der Saum des unterteilten Panzerhemdes vermutlich einfach an den Knien festgebunden wurde. Der Holzknüppel oder „baculus", den Herzog William hält, diente nicht wirklich als Waffe, sondern war vermutlich ein Autoritätssymbol halb magischen, heidnischen Ursprungs. Wir zeigen den Vorfall in der Schlacht, als William mit seinem heruntergelassenen Gesichtsschutz in eine Gruppe seiner Männer reitet, um das Panik verbreitende Gerücht, er sei im Kampf getötet worden, im Keim zu ersticken.

B/C2: Bischof Odo

Auf dem Teppich von Bayeux ist der Bruder des Herzogs, Bischof Odo, in einer Rüstung zu sehen, die sich sehr von den anderen unterscheidet. Manchmal wird sie als maßgeschneidertes Panzerhemd identifiziert oder als eine andere Art der Verwendung des Harnischmaterials. Dieses Kleidungsstück kann auch als ein frühes Beispiel eines „jazerants" gesehen werden, einem gepolsterten Mantel, der ursprünglich aus dem Mittleren Osten kommt. Der Bischof benutzte einen Amtsstab, und sein Helm zeigt byzantinische Einflüsse, wie man an der dekorativen Kreuzblume und an der Medaille oder Reliquie auf der Vorderseite sieht.

B/C3: Bretonischer Ritter

Dieser Mann besitzt die Ausrüstung eines durchschnittlichen nordfranzösischen Reiters, die aus einem Kettenhemd samt Helm besteht, der auf diesem Bild in seinen verschiedenen Segmenten angemalt wurde. Die Bänder, die vom Nacken herunterhängen, sind vermutlich dazu da, um die Fütterung des Helms und die Kettenhaube festzubinden. Einige Harnische, die man auf dem Teppich sieht, scheinen Löcher zu haben, durch die man die Schwertscheiden stecken konnte.

B/C4: Normannischer Bogenschütze

Einige normannische Bogenschützen auf dem Teppich von Bayeux scheinen gut ausgerüstete Berufskämpfer zu sein. Andere stammen aus einem Bauernaufgebot, oder es sind Seeleute aus der normannischen Flotte, die der Armee in den Kampf gefolgt sind. Dieser Mann benutzt einen ganz einfachen Bogen - nicht von so stattlicher Größe, wie englische Bogenschützen ihn im 14. Jahrhundert benutzt haben -, der eine frühe Jagdwaffe war und auch im Krieg auf See benutzt wurde.

B/C5: Infanterist aus Maine

Erfahrene Infanteristen spielten eine wichtige Rolle in Herzog Williams Armee, aber sie scheinen nicht auf dem Teppich von Bayeux abgebildet worden zu sein. Dieser Mann basiert auf Vorlagen aus anderen Quellen und stellt einen Krieger aus den südlichen Teilen des normannischen Reiches dar. Sein runder Helm besteht aus zwei Teilen. Dessen Form stammt wahrscheinlich aus Frankreich aus späten römischen Zeiten. Sein ovales Schild ist in vielen Quellen zu sehen, einschließlich verschiedenen Reliefs, die aus der Normandie selbst stammen. (Quellen: Reliefs, spätes 11. Jh., Kirchen zu St. Nectaire und Rucqueville.)

Randzeichnung, die vermutlich eine „Gerichtsverhandlung im Kampf" in einem aus dem 12. Jahrhundert stammenden nordfranzösischen Manuskript zeigt.

B/C6: Angelsächsischer Huskarl

Harold Godwinsons Leibwache aus Huskarls war die best ausgerüstete Truppe in der angelsächsischen Armee, und ihre Nachkommen wurden schon bald von den normannischen Königen eingestellt. Ihre Bewaffnung und Rüstungen hoben sich nur in kleinen Details von denen ihrer normannischen Feinde ab. Manche schienen separate Kettenhauben besessen zu haben - obwohl man sich darüber noch streiten kann -, und sie verließen sich hauptsächlich auf ihre langstieligen, dänischen Äxte. Viele benutzten drachenförmige Schilde, doch einige hatten immer noch runde oder leicht ovale Exemplare.

D: Normannisches England:
D1: Anglo-normannische Adelsfrau, ca. 1140

Die aristokratische Mode der Ladies aus dem 12. Jahrhundert fiel sehr schmeichelhaft aus. Kleider wurden genau zugeschnitten, sodass sie die Figur betonten. Junge Frauen trugen ihr Haar in einem extravaganten, langen Zopf, den sie durch falsche Haare oft noch einmal verlängerten. Reichtum wurde durch die überaus weiten Ärmel symbolisiert, die eine Plissee-Unterbekleidung aus Leinen enthüllten.

D2: Anglo-normannischer Gutsherr, ca. 1125-50

Das Aufkommen der Hofkultur wurde von einer Entwicklung der Männerkostüme begleitet, wie auch von einigen Änderungen innerhalb der militärischen Ausrüstung. Helme besaßen eine Art Vorwölbung, was vermutlich darauf hinweist, dass die Vorderseite viel dicker als die Seiten und die Rückseite war. Einige Helme wurden mit halbheraldischen Mustern bemalt, wie man sie auch auf den Schilden sehen konnte. Der hier abgebildete, junge Sänger hat seiner Lady gerade ein Ständchen auf einem Psalter gebracht - offensichtlich mit großem Erfolg ... (Quellen: gold-bronzener Hostienkelch, frühes 12. Jh., Glasgower Museen und Kunstgalerien)

D3: Normannischer Ritter, ca. 1100-25

Um das Jahr 1100 fanden einige wenige, aber wichtige Entwicklungen innerhalb der Bewaffnung und Ausrüstung statt. Panzerhemden wurden etwas länger und besaßen in der Regel lange Ärmel. Schilde behielten dieselben Formen, wuchsen aber zu beträchtlichen Größen heran. Die Panzerkappe dieses Mannes ist von ungewöhnlich geriffelter Form mit Kinn-Riemen, die sich direkt am Rand befinden. Die Funktion seiner Kopfbekleidung ist unklar, doch dies mag ein Modestil sein, der von den Männern angenommen wurde, die von den Kreuzzügen aus Syrien oder Palästina zurückgekehrt waren. (Quellen: Bury Bible, 1121-48, Corpus Christi Coll., Ms. 2, Cambridge; Kapitelle, ca. 1120, Kathedrale von Vezelay.)

„St. Benedikt befreit einen Gefangenen", eine Manuskript-Illustration aus Monte Cassino, ca. 1070 (Ms.Lat.1202, Vatikan-Bibliothek, Rom)

E: Der Fall der Normandie:
E1: Normannischer Ritter, ca. 1180

Die größte Veränderung in der Bewaffnung und Ausrüstung während des 12. Jahrhunderts war die Einführung gepanzerter Kapuzen am Kettenhemd. Einige Helme erhielten Gesichtsmasken und daraus sollte sich später der „Große Helm" entwickeln. Der hier abgebildete Helm besteht nicht aus mehreren Segmenten, sondern aus einem gewölbten Stück, das mit äußeren Eisenstreifen verstärkt wird. Sein Schild wurde durch einen dekorativen Eisenstreifen ähnlich verstärkt. Unter seinem Kettenhemd trägt der Ritter auch einen gefütterten „Aketon" (wattiertes Kleidungsstück) oder Wams. (Quellen: verloren gegangene Grabstätte von Graf William von Flandern, Mitte des 12. Jh., St. Omer; Legend of Roland, bemaltes Glasfenster, ca. 1218, Kathedrale, Chartres; Mauerzeichnungen, spätes 12., frühes 13. Jh., All Saints Kirche, Claverly.)

E2: Bretonischer Serjeant, ca. 1160

Es fallen einige Unterschiede in den Ausrüstungen von Rittern und Serjeanten auf, wobei die Serjeanten nur eine Grundausstattung besaßen. Der konische Helm wurde altmodisch, sodass er durch einen runderen Typ ersetzt wurde. Spezialisiertere Schildtypen der Infanterie wurden auch benutzt. Das große, hier abgebildete Exemplar ist eine Art Schutzschild. Dieser Serjeant führt die alten Waffen des Marshalls von England mit sich. (Quellen: bemaltes Hochzeitskästchen, 1150-70, aus den Schätzen der Kathedrale von Vannes; Bibel, 1160-70, Bibliothek der Kathedrale von Winchester.)

E3: Walisischer Freiwilliger, ca. 1200

Über die walisische Militärausrüstung des 12. und 13. Jahrhunderts ist nur wenig bekannt, sodass diesem Mann einige der eher ungewöhnlicheren Gegenstände in die Hand gedrückt wurden, die vermutlich von der leichten Infanterie aus den keltischen Gegenden benutzt wurden. Verschiedene Typen von oben abgeflachten Helmen gab es bereits vor dem „Großen Helm“. Einige wurden mit Gebieten in Verbindung gebracht, die unter skandinavischem Einfluss gestanden haben. Wahrscheinlich wurde der Kriegshammer im Kampf erst noch ausprobiert, und wird oft mit den leicht ovalen Schilden in Verbindung gebracht. (Quellen: Guthlac Roll, ca. 1200, Brit. Bib., Harl. Roll Y.6, Lewis Chessmen, 1150-75, Brit. Mus.; Bildnis, ca. 1225, Klosterkirche von Malvern; Manuskript, spätes 12. Jh., Bib. Munic., Ms. 12, St. Omer.)

F: Die Normannen in Irland und Schottland:
F1: Anglo-irischer Ritter aus der „De Clare“-Familie, ca. 1225

Die normannisch-irische Aristokratie war in der Regel genauso ausgestattet wie ihre englischen Verwandten. Erst später adoptierten sie die Stile der leichten Kavallerie des gälischen Irland. Dieser Mann trägt eine frühe Form des „Großen Helms“ über einer gefütterte Panzerkappe. Die hohen Schultern seines Übermantels deuten auf einen dick gefütterten Wams oder sogar einen halbsteifen Leder-Harnisch hin, der unter dem Mantel getragen wurde. Dieser Mann besitzt auch einen gefütterten Beinharnisch über seinen Oberschenkeln und Knien. (Quellen: verloren gegangene Bildnisse aus dem späten 13. Jh. in der Tempel-Kirche, London; Statuen, 1230-40, Westfront der Kathedrale von Wells.)

F2: Gälisch-irischer Krieger, ca. 1200

Anglo-normannische Stile verbreiten sich nur langsam in Irland. Der Helm dieses Mannes weist eindeutig fremdländische Einflüsse auf, aber sein kleines Leder-Schild und seine Spieße sind von traditioneller Machart. (Quellen: Cumdach of the Stowe Missal, 11.-12. Jh., Royal Irish Academy, Chapter House Liber A, Public Records Office, London; Relief, 12.-13. Jh, Cashel.)

F3: Hebridischer Krieger, ca. 1200

Schottische Söldner nahmen schon früh an irischen Kriegen teil. Im 13. Jahrhundert wurden ihre Axtmänner rekrutiert, damit sie die anglo-irische Kavallerie und Infanterie abwehren konnten. Dieser Mann hält eine typische, mit Silber verzierte, schottisch-irische Axt, doch sein Schwert mit dem bronzenen Griff weist auf die Verbindung mit Skandinavien hin. (Quellen: Lewis Chessman, 1150-75, Brit. Mus.; Äxte, 13. Jh., Nat. Mus., Dublin.)

G: Frühes, normannisches Italien und Sizilien:
G1: Siculo-normannischer Ritter, ca. 1130

Obwohl die Normannen sich auch weiterhin der nordfranzösischen Taktiken bedienten, nachdem sie sich in Italien angesiedelt hatten, spiegelte ihre Ausrüstung schon bald südliche Einflüsse wider, was bedeutete, dass etwas weniger Panzerkleidung getragen wurde. Der hier abgebildete Ritter hat keine Panzerhaube, sondern nur einen großen, konischen Helm, ein Kettenhemd, Schwert und Schild. Solche Krieger waren praktisch nicht von ihren italienischen, byzantinischen und ägyptischen Nachbarn zu unterscheiden. (Quellen: bemalte Decke, ca. 1140, Cappella Palatina, Palermo; Reliefs, frühes 12. Jh., Kathedrale von Lucca.)

G2: Neapolitanischer Infanterist, ca. 1100

Einige Bildquellen zeigen süditalienische Krieger, die ganz andere Waffen und Rüstungen als die aus dem Norden benutzen und mit ziemlicher Sicherheit byzantinische oder islamische Einflüsse widerspiegeln. Dieser Mann trägt einen Helm mit einem unter dem Visier liegenden „aventail“, einer Art Luftklappe, die am Rand des Helms festgemacht ist. Diese Vorrichtung war im Mittleren Osten und Zentralasien ganz alltäglich und tauchte erst ab dem 14. Jahrhundert in Westeuropa auf. Das Flachschild ist typisch für italienische Infanterie, wohingegen das besondere Schwert eine frühe Form des Krummschwerts ist. (Quellen: Elfenbein-Schachfiguren, spätes 11. Jh., Bib. Nat., Paris; Relief an der Porta Romana, Mitte des 12. Jh., Sforza Schloss Mus., Mailand.)

G3: Sizilianischer Infanterie-Bogenschütze, ca. 1140

Die moslemischen Bogenschützen aus Sizilien gehörten zu den besten Infanteristen, die es im 12. Jahrhundert in Europa gab. Viele besaßen keine richtige Rüstung, doch ihnen wurde ein leichtes Kettenhemd gegeben, das über einer vermutlich gefütterten Kappe getragen wurde. Der mächtige Bogen gehört zu den ersten dieser Bauart, die im ganzen Mittleren Osten und in den Mittelmeerländern benutzt wurde, bevor sich der türkische Einfluss auswirkte. Die Art und Weise, quasi „unter“ seinem Leder-Schild zu schießen, war eine Technik, die im 14. Jahrhundert noch immer von den Mameluken benutzt wurde. (Quellen: bemalte Wand, ca. 1140, Capella Palatina, Palermo; Relief, ca. 1140, La Martorana, Palermo.)

H: Spätes normannisches Italien und Sizilien:
H1: Italo-normannischer Adliger, ca. 1170

Gegen Ende des 12. Jahrhunderts schienen Bewaffnung und Rüstungen des normannischen Italien sich denen aus dem Rest des Landes anzupassen. Dieser prächtig ausgestattete Adlige besitzt einen zum Teil vergoldeten Helm mit einer Gesichtsmaske, die über eine separate Kettenhaube aus feinem Material getragen wurde. Der Rest seiner Ausrüstung ist einfacher gehalten, bis auf seine Schuhe, die mit Metallplättchen versehen sind, ein bemerkenswerter Fortschritt für die damalige Zeit. (Quellen: Kapitelle, spätes 12. Jh., Säulengang in der Kathedrale von Monreale; Ermordung von Becket, Mauerbemalung, spätes 12. Jh., Kirche des Hl. Johannes und Paulus, Spoleto.)

H2: Siculo-normannischer Wächter, ca. 1180

Die Ausrüstung dieses Mannes besteht aus verschiedenen Stücken, die gegen Ende des 12. Jahrhunderts in Italien aufgetaucht sind, einige sind byzantinischen Ursprungs oder stammen aus dem Balkan. Dazu zählt auch die frühe Form des „Salets“, eines leichten Helms ohne Visier, aber mit Nackenschutz, sowie ein breites, beinahe dreieckiges Kurzschwert. Seine Armbrust mit hervorspringendem Zapfen, der eine ähnliche Funktion wie der Ladebügel hat, kommt aus dem Mittleren Osten. (Quellen: Kapitelle, spätes 12. Jh., Kathedrale von Modena; Mauerzeichnungen, spätes 12., frühes 13. Jh., Basilika-Gruft, Aquileia; Militär-Abhandlung von Al Tarusi, spätes 12. Jh., Bod. Lib., Ms. Hunt 264, Oxford.)

H3: Sizilianisches Aufgebot, ca. 1175

Die moslemischen Einwohner Westsiziliens wurden im Notfall zum Kampf gerufen, und sie mussten ihre eigene, rudimentäre Ausrüstung mitbringen. Dieser Mann kann sich glücklich schätzen, dass er einen Helm und einen maßangefertigten Brustharnisch besitzt, der wahrscheinlich aus dem Nahen Osten oder dem Byzantinischen Reich kommt. Seine Hauptwaffe ist eine Schleuder, die vor allem bei Belagerungen zum Einsatz kam. (Quellen: Kapitelle, spätes 12. Jh., Säulengang in der Kathedrale von Monreale; Chronik Peter von Eboli, spätes 12. Jh., frühes 13. Jh., Bürgerbib., Bern)

I: Die Normannen im Osten:
I1: Italo-normannische Kreuzritter, ca. 1098

Hier überbringt ein Krieger bzw. ein Serjeant, wie man an seinen fehlenden Sporen sehen kann, eine Nachricht von

Tancred an den armenischen Fürsten Oshin von Lampron. Der lamellenförmige Brustpanzer des Serjeanten wendet sich gegen den großen byzantinischen Einfluss, der in Teilen des normannischen Italien, besonders in Apulien, immer noch fortlebte. (Quellen: Schnitzerei, sehr frühes 12. Jh., Nordtür der Kirche von St. Nicholas, Bari.)

I2: Normannischer, ex-byzantinischer Söldner, ca. 1085

Das Schicksal vieler Normanen, die in byzantinischen Armeen gedient haben, liegt im Dunkeln. Wie auch das Wissen über ihre Ausrüstung, aber wahrscheinlich werden sie byzantinische Waffen und Rüstungen besessen haben, wie sie der hier abgebildete Mann trägt. Der Brustharnisch aus gehärteten Lederplättchen ist eine Neuinterpretation, die auf weiterführenden Studien basiert. Der Helm besitzt einen „aventail“ und einen Kettenanhang, der zu dem Harnisch getragen wurde. Die verzierten Gamaschen waren ein typischer Bestandteil byzantinischer Kavallerie-Ausrüstung. (Quellen: Mauerbilder, spätes 10. Jh., Dovecote Kirche, Cavusin; Psalter, ca. 1088, Vatopedi Codex 761, Mt. Athos; Helm, 9.-11. Jh., Kazanlak Mus.)

I 3: Oshin der Hethoumianer, ca. 1098

Oshin war der armenische „stratopedarch“ oder Gouveneur von Cilicia. Sein polierter, bronzener Plattenharnisch ist

Kapitelle aus dem späten 12. Jahrhundert, die die verschiedenartigen Ausrüstungsgegenstände der italo-normannischen Armeen zeigen. Links: schlafende Wächter bei der Heiligen Grabstätte; in der Mitte: ein normannischer Ritter mit einem blumenförmigen Wappenbild auf dem Schild; rechts: ein Infanterist, vermutlich aus Nordafrika, mit gekrümmtem Schwert. (Säulengänge der Kathedrale von Monreale, Sizilien)

sehr prunkvoll, wie auch die vergoldeten Lederschienen auf seinen Armen. Das ganze Kostüm ist im Wesentlichen byzantinisch, obwohl der kleine Turban und die Schmuck-Axt armenischen Stils sind. (Quellen: Adrianople Gospels, frühes 11. Jh., San Lazzaro Lib., Ms. N.887/116, Venedig; Mauerbilder, 11.-12. Jh., Balik Kilise, Kappadokien.)

J: Das Fürstentum von Antiochia: J1: König von Antiochia, ca. 1268

Der letzte zum Scheitern verurteilte Angriff der Kavallerie von Antiochia fand 1268 gegen die belagernden Mameluken statt. Dieser Ritter trägt die am spätesten entwickelte europäische Rüstung, die mit einige modischen Unterschieden versehen war, wie sie in den Kreuzzungsländern favorisiert wurden. Dieser hier besitzt einen voll entwickelten „Großen Helm" und vermutlich einen stabilen Leder- oder Ringpanzer an den Schultern, der unter dem Mantel getragen wurde. Eiserne Knieplatten wurden dem Beinharnisch hinzugefügt. Außerdem trägt der Ritter eine frühe Version des Basilard-Dolches an seinen Hüften. Die Pferdedecke ist mit einer schweren Filzfütterung vernäht, und das steife Leder-Stirnschild dient zum Schutz des Tierkopfes. (Quellen: Keramikfragmente aus Al Mina, 13. Jh., Bib. Munic., Ms. 562, Dijon und Bib. Nat., Ms. Fr. 20125, Paris, und State Public Lib., Ms. F. v. IV. 5, Leningrad.)

J2: Normannisch-französischer Kreuzritter, ca. 1250-69

Nachdem die Franzosen die Normandie erobert hatten, schien es zunächst keine Unterschiede zwischen der normannischen Militärausrüstung und der vom Rest des Landes zu geben. Hier trägt ein Serjeant einen „chapel-de-fer" oder Kriegshut, der über einer gepolsterte Haube getragen wurde. Außerdem ist er durch einen gut gefütterten Wams geschützt. Seine Axt gehört zu dem Typ, der in Nordfrankreich und den Benelux-Staaten favorisiert wurde, wohingegen sein Schild ein rotes Kreuz auf grünem Untergrund trägt, ein Zeichen, das vor allem die französischen Kreuzritter bevorzugten. Das Pferd hat einen Ganzkörperpanzer, der aus zwei Teilen besteht. (Quellen: Maciejowski Bible, ca. 1250, Pierpont Morgan Bib., New York; Chasse de Sainte Gertrude, ca. 1272, Kirche von St. Gertrude, Nivelles; Roman de Toute Chevalerie, Mitte des 13. Jh., Trinity Coll. Bib., Ms. 0.9.34, Cambridge.)

Quando tancredus usurpauit sibi regni coronā
107
isti sūt filii tancredi
Bigamus sacerdos
Triūphus Spurii Regis

„Triumph des Tancred", (oberste Reihe) ein königlicher Miniatur-Parasol; (mittlere Reihe) muslimische Musiker und Speermänner; (untere Reihe) Bogenschützen und Armbrustschützen verschiedener Herkunft. Sizilianisches Manuskript aus dem späten 12., frühen 13. Jahrhundert. (Chronik Peter von Eboli, Ms.Cod.120/II, Bürgerbib., Bern)

J3: Turcopole, ca. 1270

Die Ausrüstung eines typischen Turcopolen, wenn solch ein „typischer" Krieger überhaupt existiert hat, ist nur schwer zu bestimmen. Das Erscheinungsbild dieses Mannes basiert auf einem Heiligenbild, das im Kreuzritterland Palästina gemalt wurde, und auf anderen Charakteristika aus französischer und byzantinischer Kunst. (Quellen: St. Sergius, Ikone, spätes 13. Jh., Katharinenkloster, Sinai; History of Outremer, 1290, Bib. Laur., Ms.Plu. LXI.10, Florenz.)

K: Schlösser und Festungen:
K1: Rekonstruktion des aus dem 11. Jahrhundert stammenden Turms von Mirville

Dieser Turm wurde im frühen 11. Jahrhundert erbaut und gegen 1100 durch ein Feuer zerstört. Er war der einzige aus Stein, der jemals in einer einfachen Festung mit Palisadenhügel gebaut wurde, die ansonsten aus einer hölzernen Rundmauer und einer Reihe von Holzgebäuden bestand. Dieser Turm war ansonsten sehr typisch für die eher klein angelegten Festungen in der Normandie des 11. Jahrhunderts.

K2: Rekonstruktion der Palisade der Abinger-Burg

Die Archäologen hatten nur die Pfostenlöcher des vermutlich aus dem 11. Jahrhundert stammenden Holzturms für ihre Studien zur Verfügung. Rekonstruktionen zeigen ihn in der Regel als Gefechtsturm, der aus Pfählen gebaut wurde, doch solch eine Konstruktion wäre sehr feuerempfindlich gewesen, wenn ein Feind in der Lage gewesen wäre, die Außenwand zu durchstoßen. Deswegen benutzten die Abinger Flechtwerk und Mauerputz, um die Lücken zwischen den Stützpfeilern zu schließen.

K3: Hedingham Castle, 12. Jahrhundert

(A) Diese Sektion zeigt den größten normannischen Bogen Englands.
(B) Rekonstruktion mit einer hölzernen Rampe, die im Notfall hochgezogen werden konnte.

Hedingham ist das best erhaltene Blockgebäude in England. Das des White Tower in London wurde später verändert, vor allem seine Fenster.

L: Normannische Schiffe:
L1: Mittelmeer-Transportschiff, 13. Jahrhundert

Mit Hilfe solcher Schiffe war es möglich, dass sich die Kreuzritterstaaten und das siculo-normannische Imperium ausweiten und überleben konnten. Auffällig sind die „corridoria", die das Oberdeck ersetzen, und ein Kennzeichen vieler mediterraner Rundschiffe waren.

L2: Normannisch-französisches Kriegsschiff, frühes 13. Jahrhundert

Dieser Schiffstyp entwickelte sich aus den wikingischen Langschiffen, dem kriegerischen Drachenschiff und dem friedlicheren „knörr". Mit Türmen an Heck und Bug dominierte es viele Jahre lang die Kriegsführung in den nördlichen Gewässern.

L3: Siculo-normannische Kriegsgaleere, spätes 12. Jahrhundert

Die italienische Galeere entwickelte sich aus der berühmten byzantinischen „dromon". Der Hauptunterschied zwischen den mittelalterlichen Kriegsschiffen und ihren klassischen Vorgängern war die Ramme, die oberhalb der Wasserlinie angebracht wurde. Diese Waffe wurde benutzt, um ein Schiff seeuntüchtig zu machen, nicht um es zum Sinken zu bringen. Das spiegelte auch die steigenden Kosten für Kriegsschiffe wider, nachdem die mediterranen Küstenwälder vollständig abgeholzt worden waren.

L4: Mora, das Flaggschiff von William dem Eroberer

Dieses Bild wurde vom Teppich von Bayeux übernommen. Es zeigt eine Laterne an der Mastspitze, eine monströse Galionsfigur, die mit denen der frühen Wikinger-Schiffe vergleichbar war, und eine neue Form des geschnitzten Achterstevens.

L5: Profile, 13. Jahrhundert, mediterrane Schiffstypen

(A) Venezianischer 3-Decker, der im 13. Jahrhundert vermutlich das größte Schiff war. (B) 4-Decker. (C) 2-Decker. (D) Salandrium, spezialisiert auf Pferdetransporte.

In der gleichen Reihe erschienen:

Stephen Turnbull ist ein exzellenter Kenner der japanischen Geschichte und bringt dem Leser in diesem reich illustrierten Buch die kaum bekannte Welt der religiös motivierten Kampfmönche, aber auch die geheimnisumwobenen Ninja näher, die mit ihren Kampfmethoden und ihrem Dasein als Söldner mit japanischen Traditionen radikal brachen.

Stephen Turnbull/Wayne Reynolds
Ninja und Japanische Kampfmönche
128 Seiten, zahlreiche, zum Teil farbige Abbildungen,
183 x 250 mm, Hardcover
EUR (D) 9,95 / EUR (A) 10,30 / CHF 17,50
ISBN 3-87748-631-2

Der renommierte Fachautor Anthony Bryant erzählt die faszinierende Geschichte der berühmten Krieger-Kaste ebenso wie die ihrer Waffen und Rüstungen, aber auch das Leben der Samurai jenseits des Schlachtfelds wird eindrucksvoll beschrieben. Ein Buch für alle, die mehr wissen wollen über die charismatischen japanischen Krieger.

Anthony J. Bryant/Angus McBride
Die Geschichte der Samurai
128 Seiten, zahlreiche, zum Teil farbige Abbildungen,
183 x 250 mm, Hardcover
EUR (D) 9,95 / EUR (A) 10,30 / CHF 17,50
ISBN 3-87748-632-0

Siegler Verlag
Einsteinstraße 10
53757 Sankt Augustin